MARCO POLO

MARK BRANDENBURG

Reiseführer mit Insider-Tips

Sechs Symbole sollen Ihnen die Orientierung in diesem Führer erleichtern:

★

für Marco Polo Tips – die besten in jeder Kategorie

für alle Objekte, bei denen Sie auch eine schöne Aussicht haben

für Plätze, wo Sie bestimmt viele Einheimische treffen

für Treffpunkte für junge Leute

(A1)
Koordinaten für die Übersichtskarte

Die Marco Polo Route verbindet die schönsten Punkte der Mark Brandenburg zu einer Idealtour

Diesen Führer schrieb Bernd Wurlitzer. Er lebt in Töpchin in der Mark Brandenburg und in Berlin, seit über zwanzig Jahren ist er als freier Reisejournalist im Osten Deutschlands tätig. Die Marco Polo Reihe wird herausgegeben von Ferdinand Ranft.

MAIRS GEOGRAPHISCHER VERLAG

MARCO POLO

Für Ihre nächste Reise gibt es folgende Titel dieser Reihe:

Ägypten • Algarve • Allgäu • Amrum/Föhr • Amsterdam • Andalusien • Antarktis • Argentinien/Buenos Aires • Athen • Australien • Bali/Java • Baltikum • Bangkok • Barcelona • Bayerischer Wald • Berlin • Berner Oberland • Bodensee • Bornholm • Brasilien/Rio • Bretagne • Brüssel • Budapest • Bulgarien • Burgenland • Burgund • Capri • Chiemgau/Berchtesgaden • China • Costa Brava • Costa Rica • Côte d'Azur • Dänemark • Deutschland Ost • Dominik. Republik • Dresden • Düsseldorf • Eifel • Elba • Elsaß • England • Erzgebirge/Vogtland • Euro Disney • Feuerland/Patagonien • Finnland • Flandern • Florenz • Florida • Franken • Frankfurt • Frankreich • Frz. Atlantikküste • Fuerteventura • Galicien/Nordwest-Spanien • Gardasee • Gran Canaria • Griechenland • Griech. Inseln/Ägäis • Hamburg • Harz • Hawaii • Heidelberg • Holland • Hongkong • Ibiza/Formentera • Indien • Ionische Inseln • Irland • Ischia • Island • Israel • Istanbul • Italien • Italien Nord • Italien Süd • Ital. Adria • Ital. Riviera • Japan • Jemen • Jerusalem • Kalifornien • Kanada • Karibik: Große Antillen • Karibik: Kleine Antillen • Kärnten • Kenia • Köln • Kopenhagen • Korsika • Kreta • Krim/Schwarzmeerküste • Kuba • Lanzarote • La Palma • Leipzig • Libanon • Lissabon • Loire-Tal • London • Luxemburg • Madeira • Madrid • Mailand/Lombardei • Malediven • Mallorca • Malta • Mark Brandenburg • Marokko • Mauritius • Mecklenburger Seenplatte • Mexiko • Mosel • Moskau • München • Nepal • Neuseeland • New York • Normandie • Norwegen • Oberbayern • Oberital. Seen • Oberschwaben • Österreich • Ostfr. Inseln • Ostseeküste: Mecklbg.-Vorp. • Ostseeküste: Schlesw.-Holst. • Paris • Peking • Peloponnes • Polen • Portugal • Potsdam • Prag • Provence • Rhodos • Rom • Rügen • Rumänien • Rußland • Salzburg/Salzkammergut • San Francisco • Sardinien • Schottland • Schwarzwald • Schweden • Schweiz • Seychellen • Singapur • Sizilien • Spanien • Spreewald/Lausitz • Sri Lanka • Steiermark • St. Petersburg • Südafrika • Südamerika • Südengland • Südsee • Südtirol • Sylt • Syrien • Taiwan • Teneriffa • Tessin • Thailand • Thüringen • Tirol • Tokio • Toskana • Tschechische Rep./Slowakische Rep. • Tunesien • Türkei • Türk. Mittelmeerküste • Umbrien • Ungarn • USA • USA: Neuengland • USA Ost • USA Südstaaten • USA West • Usedom • Venedig • Vietnam • Wartburg/Eisenach und Umgebung • Weimar • Wien • Zürich • Zypern • Die 30 tollsten Ziele in Europa •

Die Marco Polo Redaktion freut sich, wenn Sie ihr schreiben:
Marco Polo Redaktion, Mairs Geographischer Verlag
Postfach 31 51, D-73751 Ostfildern

Unsere Autoren haben nach bestem Wissen recherchiert. Trotzdem schleichen sich manchmal Fehler ein, für die der Verlag keine Haftung übernehmen kann.

Titelbild: Schapowalow/Comnet

Fotos: Ihlow (Umschlagseite innen, 13, 20, 27, 35, 57, 59, 69, 96); Lade/Blume (54), Lade/Ott (76), Lade/Trippmacher (23); Lange (4, 10, 17, 24, 38, 46); Mauritius/Mehlig (6), Mauritius/Rossenbach (83); Schapowalow/Sperber (30); Sperber (42, 60); Stadler (53); Transglobe/Elsen (72); Wurlitzer (8, 18, 45, 71, 84)

Gestaltung: Thienhaus/Wippermann (Büro Hamburg)
Lektorat: Gesine Harms
Kartographie: Mairs Geographischer Verlag

Printed in Germany

Gedruckt auf 100% chlorfrei gebleichtem Papier

INHALT

Entdecken Sie die Mark Brandenburg!

Flaches, weites Land mit romantischen Seen und dunklen Kiefernwäldern, wuchtigen Backsteinkirchen und zauberhaften Schlössern

Im vorigen Jahrhundert setzte sich der große Romancier Theodor Fontane in die Kutsche und fuhr durchs Brandenburger Land. Er wollte seinen *»Landsleuten zeigen, daß es in ihrer nächsten Nähe auch nicht übel sei und daß es in der Mark Brandenburg auch historische Städte, alte Schlösser, schöne Seen, landschaftliche Eigentümlichkeiten und Schritt für Schritt tüchtige Kerle gäbe.«* Mit seinen »Wanderungen durch die Mark Brandenburg« kartographierte Fontane das Land literarisch, sie wurden das wohl bekannteste Werk der deutschsprachigen Reiseliteratur. Kurt Tucholsky nannte Fontane den märkischen Goethe.

»Wenn du reisen willst«, empfiehlt Fontane, *»mußt du die Geschichte dieses Landes kennen und lieben.«* Also bitte, hier ist – kurzgefaßt – die Geschichte: Von der Nordmark aus (später Altmark genannt) eroberte im 12. Jh. Albrecht der Bär Gebiete in Richtung Osten. Dabei war er so erfolgreich, daß ihm der letzte slawische Fürst Pribislav die Feste Brandenburg schenkte. Wenige Jahre später nannte sich Albrecht aus dem Hause der Askanier Markgraf von Brandenburg. Da es seinerzeit üblich war, den Namen der Herrschaftsburg auf das Land zu übertragen, kam das Gebiet bis zur Oder und ein wenig darüber hinaus zu seinem Namen. Mark bedeutet Grenzland: Das brandenburgische Land war und ist Grenzland zwischen deutschen und slawischen Völkern. Ab etwa 1400 gab es drei große Teile: die Altmark westlich der Elbe (heute zu Sachsen-Anhalt gehörend), die Mittelmark zwischen Elbe und Oder und die Neumark östlich der Oder (heute Polen). Im 17. Jh. war für das Gebiet die Bezeichnung »Chur und Mark Brandenburg« gebräuchlich. 1815 hörte die Mark Brandenburg als verwaltungspolitische Einheit auf zu existieren. Als Fontane über die Mark schrieb, gab es diese schon nicht mehr. Aber der Name Mark hat sich erhalten. Oft wird Brandenburg nur so bezeichnet wie auch meist märkisch für brandenburgisch ver-

Brandenburg, eine der gewässerreichsten Regionen Europas, ist ein Paradies für »Wasserwanderer«

wendet wird. Das Territorium des 1990 wiedergegründeten Landes (das in diesem Marco Polo Band vorgestellt wird) ist nur zum Teil identisch mit dem der historischen Mark. Berlin, obwohl in Landesmitte gelegen, gehört nicht dazu – als Hauptstadt des Deutschen Reiches nabelte es sich 1920 von der damaligen preußischen Provinz Brandenburg ab und ging eigene Wege. Seit einiger Zeit wird zwischen Berlin und Brandenburg über die Gründung eines gemeinsamen Bundeslandes verhandelt, 1999 soll der erste einheitliche Landtag gewählt werden. Einer der Vorschläge für den neuen Landesnamen lautet Mark Brandenburg.

Jahrhundertelang wurde dieses Gebiet spöttisch als des »Heiligen Römischen Reiches Streusandbüchse« bezeichnet, weil Sandboden und Kiefernwälder die Mark prägen – die Schönheiten liegen dagegen oft im Verborgenen. Vielfach trifft man auf eine Bilderbuch-Landschaft mit blauen Seen und lieblichen Hügelketten, stillen Buchten, schattigen Wäldern, Mooren und Heide. Eine *»Gegend«*, so Kurt Tucholsky, *»wo die Seele baumeln kann und nicht nur Amselbullen glücklich sind«.* Über den Wipfeln der Bäume kreisen noch Fisch- und Seeadler und in den Dörfern Linum und Rühstädt kann man zur rechten Jahreszeit mitunter mehr Weißstörchen als Menschen begegnen. Mit über 3000 Seen gehört die Mark zu den gewässerreichsten Regionen Europas. In Deutschland zählt sie zu den waldreichsten Landschaften. Das größte zusammenhängende Waldgebiet erstreckt sich nördlich von Berlin, als Unesco-Biosphärenreservat Schorfheide-Chorin genießt es

Imposant: die aus Backstein errichtete Marienkirche in Prenzlau

internationalen Schutz. Es gibt 335 Moore mit einer Größe von über sechs Hektar und mehr als 2000 Kleinmoore, Rotbuchen- und Traubeneichenwälder. Schon immer war die Schorfheide Anziehungspunkt für die Herrschenden, die hier ihrer Jagdlust frönten. Den brandenburgischen Markgrafen folgten die preußischen Könige und deutschen Kaiser. Eigens für den Kaiser wurde in Joachimsthal der Bahnhof Werbellinsee gebaut, damit er bequem mit dem Zug anreisen konnte. In den 30er Jahren amüsierte sich der selbsternannte Reichsmarschall des Tausendjährigen Reiches – Göring – in der Schorfheide, so, als wäre sie sein Eigentum. Nordwestlich von Joachimsthal ließ er sich Karinhall erbauen, von der SS kurz vor Ende des Zweiten Weltkrieges gesprengt. Zu DDR-Zeiten war dieser Teil der Mark bevorzugtes Jagdrevier der SED-Prominenz, allen voran Erich Honecker. Damit er immer reichlich Wild zum Erlegen vor die Flinte bekam, wurde dessen Hege mit einem kaum vorstellbaren Aufwand betrieben. Allein 1989 kostete sie acht Millionen Mark! Der Gesamtwildbestand betrug in der engeren Schorfheide zu Honeckers Zeiten mehr als 7000 Stück, von denen die Genossen jährlich bis zu 1500 Stück abschossen.

Alleen mit ausladenden Linden und knorrigen Apfelbäumen verbinden die oft weit auseinanderliegenden Orte. Um sie mehr ins öffentliche Bewußtsein zu rücken, entstand die Deutsche Alleenstraße. Sie beginnt auf der Insel Rügen, führt weiter durch Mecklenburg-Vorpommern und erreicht bei Rheinsberg märkischen Boden. In der Lutherstadt Wittenberg endet sie vorerst, ihre Weiterführung bis zum Bodensee ist geplant. Die Strecke sollte gemächlich zurückgelegt werden, die Bäume halten einen regelrecht dazu an, den Fuß vom Gaspedal zu nehmen, um die herrliche Landschaft zu genießen. Die Mark, eine Kulturlandschaft mit Reiz, hat eine Menge zu bieten: imposante Kirchen und Klöster, errichtet aus Feldsteinen oder farbenfrohem Backstein. Der Dom von Brandenburg, die Klosterkirchen von Lehnin und Chorin, die Katharinenkirche in Brandenburg und die Marienkirche in Prenzlau sowie das Rathaus in Frankfurt/Oder werden als Träume und Märchen aus Backstein bezeichnet. Die mehr als zwanzig Schlösser in und um Potsdam bilden das größte Park- und Schloßensemble nördlich der Alpen. Die Unesco hat es zum Weltkulturgut erklärt. Ganz besonders das Schloß Sanssouci von Friedrich II., dem von Wuchs so kleinen und von Bedeutung so großen Monarchen, der wie kein anderer das Land geprägt hat, ist ein beliebtes Ziel. Warum aber immer nur Sanssouci? In den schattigen Wäldern und an den Seeufern der Mark stehen noch viele stattliche Schlösser und anschauliche Herrenhäuser, die im Renaissance-, Barock- oder Klassizismus-Stil errichtet sind. Einst gab es nahezu tausend Adelssitze, zwei Drittel davon wurden am Ende des Zweiten Weltkriegs oder danach zerstört, sind heute baufällig oder wurden abgerissen. Denn die Mächtigen der DDR hatten mit dem preußischen Landadel nichts im Sinn.

Der selten gewordene wunderschöne Eisvogel ist in vielen Teilen der Mark noch zu Hause

Die Märker gelten als fleißig und bescheiden, sie besitzen eine große Klappe und trockenen Humor. Nachgesagt werden ihnen preußisches Pflichtbewußtsein und Disziplin. Viele Genies hat dieses Land hervorgebracht oder angezogen. Neben Fontane ist der in Frankfurt an der Oder geborene Heinrich von Kleist zu nennen, der die Novelle »Michael Kohlhaas« in seinem Heimatland ansiedelte und im »Prinz von Homburg« verschlüsselte Kritik an preußischen Verhältnissen übte. Adalbert von Chamisso schrieb im Oderbruchdorf Kunersdorf und der weltberühmte Dramatiker Bertolt Brecht entdeckte Buckow in der Märkischen Schweiz als sein Refugium. Mit Wiepersdorf verbindet man Achim und Bettina von Arnim und Dutzende von Bauten in Städten und Dörfern mit dem im märkischen Neuruppin geborenen Karl Friedrich Schinkel. Wie kein anderer Architekt hat Schinkel seine Handschrift in der Mark hinterlassen. Nicht zu vergessen sind außerdem die genialen Gartenkünstler Peter Joseph Lenné und Hermann Fürst von Pückler-Muskau, die auf tristem märkischem Sandboden traumhaft schöne Gartenanlagen hinzauberten: die Parks Branitz bei Cottbus sowie Sanssouci, Neuer Garten und Babelsberg in Potsdam. Künstlich geschaffen wurden auch zwei der schönsten Badeseen mit herrlichen Sandstränden, der Helene-See bei Frankfurt/Oder und der Senftenberger See. Was keiner der heutigen Besucher ahnt: Diese Gewässer entstanden in ausgekohlten Braunkohlegruben. Ein Gemeinschaftswerk von Mensch und Natur stellt dagegen der Spreewald dar. In ihm bestehen die Straßen nicht aus Asphalt, sondern aus Wasser. Fast 1000 km lang erstreckt sich das feinmaschige Netz der über 300 Fließe, wie hier die Wasserarme heißen. Mit den typischen kiellosen Holzkähnen wird das Vieh zur Weide gebracht, fahren die Kinder zur Schule, wird die Post zugestellt. Tausende Touristen klettern jeden Sommer in die Kähne und lassen sich durch das Wasserlabyrinth in der Niederlausitz staken. In diesem Gebiet gibt es – dies ist einmalig in Deutschland – zweisprachige Orts- und Straßenschilder. Denn hier leben etwa 20 000 Sorben, die mit ihrer Sprache und ihrem Brauchtum weitgehend das Leben der Niederlausitz prägen.

Wer die Mark bereist hat, ihre Schlösser, Kirchen und Museen besucht und sich an stillen Flußläufen und Seen erholt hat, wird gewiß wie Fontane resümieren: *»Ich bin durch die Mark gezogen und habe sie reicher gefunden, als ich zu hoffen wagte.«*

Geschichtstabelle

um 600
Slawische Stämme besiedeln das Land

928
König Heinrich I. erobert die slawische Hauptfestung Brennabor (Brandenburg)

1157
Albrecht der Bär und sein Sohn Otto nennen sich Markgrafen von Brandenburg

1411
Der Nürnberger Burggraf Friedrich wird Kurfürst von Brandenburg, die 500jährige Herrschaft des Hauses Hohenzollern beginnt

1618
Mark Brandenburg und Herzogtum Preußen werden vereint

1740
Unter Friedrich II. entwickelt sich Brandenburg-Preußen zur europäischen Großmacht

1815
Brandenburg erhält die bis dahin sächsischen Gebiete Niederlausitz, Fläming, Belzig, Jüterbog, Dahme, Baruth und wird eine der preußischen Provinzen; abgetrennt wird die Altmark

1920
Berlin gliedert sich aus der Provinz Brandenburg aus und wird als »Groß-Berlin« selbständig

1929
In den Babelsberger Ufa-Ateliers entsteht der erste vollständige deutsche Tonfilm »Melodie des Herzens« mit Willy Fritsch

1933
Reichspräsident Hindenburg ernennt in der Potsdamer Garnisonkirche Hitler zum Reichskanzler

1945
Die USA, Großbritannien und die Sowjetunion unterzeichnen in Schloß Cecilienhof das »Potsdamer Abkommen«; die preußische Provinz Brandenburg verliert 11 Kreise östlich der Oder

1947
Auflösung von Preußen, aus der Provinz Brandenburg wird das Land Brandenburg

1949
7. Oktober: Gründung der DDR

1950
Oder und Neiße werden von der DDR und Polen offiziell als Staatsgrenze anerkannt

1952
Das Land Brandenburg wird in die Bezirke Potsdam, Frankfurt/Oder und Cottbus aufgeteilt

1961
13. August: Beginn des Mauerbaus um Berlin

1990
18. März: Erste freie Wahlen in der DDR nach mehr als 40 Jahren; 3. Oktober: Beitritt der DDR zur Bundesrepublik Deutschland, das Land Brandenburg entsteht wieder

Von Fontane bis Schinkel

Der große Romancier und der berühmte Baumeister gehören ebenso zu Brandenburg wie die Sorben und der Weißstorch

Blechen, Carl (1798–1840)
Der in Cottbus geborene Künstler begann neben seiner Lehre als Bankangestellter zu malen. Sein Talent führte ihn als Schüler an die Königliche Akademie der Künste in Berlin, an der er schließlich ab 1831 als Professor für Landschaftsmalerei wirkte. Blechen gilt als Begründer einer realistischen Richtung in der Gattung der Landschaftsmalerei in Deutschland. Mit dem Gemälde »Walzwerk bei Eberswalde« schuf er das erste Fabrikmotiv in der Malerei in Deutschland. Bilder von ihm hängen in der Nationalgalerie Berlin, der Galerie Neue Meister in Dresden, der Kunsthalle Hamburg und im Fürst-Pückler-Museum seiner Geburtsstadt Cottbus.

Braunkohle
Der Braunkohleabbau hat tiefe Wunden in die Natur der Niederlausitz geschnitten. Die Kohle liegt maximal in einer Tiefe von 200 m, sie ist von hoher Qualität und schwefelarm, eignet sich also besonders gut für die energetische Veredelung. Nach dem Zweiten Weltkrieg war Braunkohle neben unbedeutenden Steinkohlevorkommen in Sachsen die einzige heimische Energiequelle der DDR. Ihr Abbau erfolgte in großem Umfang ohne Rücksicht auf die Lebensräume der Menschen, auf Natur und Umwelt. Die technischen Einrichtungen zur Reinhaltung der Luft wurden vernachlässigt, was zu starken Belastungen der Umwelt führte. Unzureichend war zu DDR-Zeiten auch die Rekultivierung der ausgekohlten Tagebaue. Nach der Einheit wurden einige Tagebaue stillgelegt, drei werden im Raum Cottbus-Spremberg auf lange Sicht weiterhin Braunkohle liefern.

Das Theodor-Fontane-Denkmal in Neuruppin

Bundesland Brandenburg
Der Fläche nach ist Brandenburg das fünftgrößte Bundesland, hinsichtlich der Einwohnerzahl rangiert es auf dem 11. Platz. Das etwa 28 000 qkm große Land mit 2,6 Mio. Einwohnern grenzt an die Bundesländer Sachsen, Sachsen-Anhalt und Mecklenburg-

Vorpommern, im Osten bilden die Lausitzer Neiße und die Oder die Grenze zur Republik Polen. Die Landesfarben sind rot-weiß. Zum Symbol Brandenburgs wurde der rote Adler, den bereits Markgraf Otto im 12. Jh. im Schild führte. Zu den kuriosesten Ortsnamen in dem Bundesland gehören Frischwasser bei Finsterwalde, Busendorf bei Potsdam und Wassersuppe bei Rathenow.

Duncker, Johann Heinrich August (1767–1843)
1801 begann Duncker auf dem Dachboden seines Geburtshauses Kirchplatz 12 in Rathenow Brillengläser zu schleifen. Er benötigte den Nebenverdienst dringend für den Unterhalt seiner Familie, denn von seinem Hauptberuf – er war Prediger – konnte er nicht leben. Die von ihm gegründete Dunckersche »Optische Industrie-Anstalt«, die 1820 Sohn Eduard übernahm, entwickelte sich in der zweiten Hälfte des 19. Jhs. zu einem modernen Großbetrieb. So gilt der »Prediger« Duncker, der in geistiger Umnachtung starb, als Begründer der später weltbekannt gewordenen Rathenower optischen Industrie. Die Tradition setzt seit der Wiedervereinigung Günther Fielmann fort, Deutschlands »Brillenkönig«. Dunckers Elternhaus trägt eine Gedenktafel und auf dem Rathenower Bahnhofsvorplatz steht eine Bronzebüste des Gründers.

Fontane, Theodor (1819–1898)
Die berühmt gewordenen »Wanderungen durch die Mark Brandenburg« schrieb Fontane in den Jahren 1862–82. Die vier Bände sind keine Reiseführer, sondern Reisefeuilletons, wie er sie selbst charakterisierte. Als Ausgangspunkt für seine Reisen durch die Mark wählte Fontane häufig seine Geburtsstadt Neuruppin. Hilfreich zur Seite stand ihm seine Schwester Elise, die er am 22. April 1861 in einem Brief bat: »Horche doch unterderhand, ob im ruppinschen Kreise noch einige historisch interessante Punkte sind, die aufzusuchen sich wohl verlohnen würde.« Im ersten Band seiner »Wanderungen...« widmet Fontane seiner Geburtsstadt ein Kapitel. Mit seinen Gesellschaftsromanen und Novellen, so »Schach von Wuthenow« (1883), »Irrungen und Wirrungen« (1888), »Frau Jenny Treibel« (1892), »Effi Briest« (1895) und »Der Stechlin« (herausgegeben 1899), wurde er einer der Großen der deutschen Literatur des 19. Jhs. Als Vorbild für seine Effi Briest diente ihm Elisabeth Baronin von Ardenne (1853–1952), die in der Mark auf dem Südwestfriedhof von Stahnsdorf begraben liegt.

Fontane wurde in Neuruppin als Nachfahre eingewanderter Hugenotten geboren, war Dichter, Schriftsteller, Journalist, Kunstkritiker und Apotheker in einer Person. Seine letzte Ruhestätte fand er auf dem Friedhof der französischen Gemeinde in Berlin.

Kleist, Heinrich von (1777–1811)
Am Ufer des Berliner Wannsees beging der hochbegabte Dramatiker und Erzähler gemeinsam mit seiner Lebensgefährtin Henriette Vogel Selbstmord. Materielle Schwierigkeiten und innere Zerrissenheit waren die Gründe.

Kleist kam in Frankfurt/Oder als Sohn eines preußischen Hauptmanns zur Welt, sein Geburtshaus wurde im Zweiten Weltkrieg zerstört, als Kleist-Museum wurde die ehemalige Garnisonschule unweit der Oder eingerichtet. Zu den bekanntesten Werken Kleists zählen »Der zerbrochene Krug« (1808) und »Prinz Friedrich von Homburg« (1810).

Lenné, Peter Joseph (1789–1866)
Vor allem in Potsdam hat der geniale Gartengestalter seine Handschrift hinterlassen. Lenné, von Kindesbeinen an eng mit der Natur verbunden, propagierte in Deutschland die Ideen des englischen Gartens. Preußens König Friedrich Wilhelm IV. ernannte ihn 1854 zum General-Gartendirektor. Am 23. Januar 1866 verstarb Lenné plötzlich. Dem Trauerzug vorangetragen wurde ein Lorbeerkranz mit 50 vergoldeten Blättern, auf denen jeweils der Name einer von ihm geschaffenen Anlage geschrieben stand. Den Kranz sollte Lenné ursprünglich von seinen Mitarbeitern zum 50jährigen Dienstjubiläum am 23. Januar erhalten, der dann sein Todestag wurde.

Neuruppiner Bilderbogen
100 Mio. Bilderbogen mit etwa 22 000 verschiedenen Motiven wurden von 1810 bis 1937 in Neuruppin gedruckt. Die Bilderbogen gelten als Vorläufer unserer heutigen Nachrichtenmagazine. Fontane: »Lange bevor die erste ›Illustrierte Zeitung‹ in die Welt ging, illustrierte der Kühn-

Tagebaurestloch bei Fürstlich Drehna

sche Bilderbogen die Tagesgeschichte, und was die Hauptsache war, diese Illustration hinkte nicht langsam nach, sondern folgte den Ereignissen auf dem Fuße.« Wohl mit ironischem Unterton fragte Fontane: »Was ist der Ruhm der ›Times‹ gegen die zivilisatorische Aufgabe des Ruppiner Bilderbogens?«

Pückler-Muskau, Hermann Fürst von (1785–1871)

Bedeutender Gartenarchitekt des 19. Jhs. Zu seinen großartigen Landschaftsgestaltungen gehören Parks in Branitz (Cottbus), Babelsberg (Potsdam) und Bad Muskau. Pückler war eine der schillerndsten Persönlichkeiten seiner Zeit. Aufsehen erregte der Dandy und Exzentriker u. a. als er in einer Kutsche mit vier vorgespannten Hirschen die Straße Unter den Linden in Berlin entlangfuhr. Die ungeschriebene Hausordnung, die im Pückler-Schloß Branitz gepflegt wurde, besagte, man habe pünktlich zum geselligen Neun-Uhr-Dinner im Speisezimmer Platz zu nehmen. Wenigstens drei, maximal neun Personen bat der Fürst zu Tisch. Die griechische Mythologie bestimmte diese Zahl, Immanuel Kant soll in Königsberg, so hatte Pückler gehört, diese Tischregel eingeführt haben: mindestens die Zahl der Grazien, höchstens die der Musen.

Ritter Kahlbutz

Zehntausende bestaunen jährlich die populärste Mumie im Osten Deutschlands: den Ritter Kahlbutz im Gruftanbau der Kirche des Dorfes Kampehl bei Kyritz. Als dort 1794 die Särge geöffnet wurden, fand man eine unverweste Leiche. Die Legende berichtet, es sei der 1702 verstorbene Ritter Kahlbutz gewesen, der den Schäfer Pickert hinterrücks erschlagen habe, weil sich ihm dessen Braut verweigerte. Nach dem Reinigungseid vor Gericht, »wenn ich der Mörder bin, soll mein Körper nicht verwesen«, wurde Kahlbutz freigesprochen.

Die rätselhafte Mumie mit einem Gewicht von nur 6,5 kg beschäftigt seit dem vorigen Jahrhundert die Medizin. Die berühmten Ärzte Rudolf Virchow und Ferdinand Sauerbruch untersuchten sie gründlich, 1983 wurde sie in der Berliner Charité sogar in einen Computertomographen geschoben. 281 Jahre nach dem Tod der rätselhaften Person konnte Prof. Meinhard Lüning mitteilen, die Leiche sei mit großer Wahrscheinlichkeit nicht Kahlbutz, denn der habe sich in der Schlacht bei Fehrbellin (1675) eine Knieverletzung zugezogen, von der nichts festgestellt werden konnte. Und: Der Tote hatte die Blutgruppe A.

Rochow, Friedrich Eberhard von (1734–1805)

Der Sproß aus altem Rittergeschlecht erwarb sich den Ruf eines »märkischen Pestalozzi«. Rochow ließ eine zweiklassige Schule erbauen, in der die Kinder für die damalige Zeit vielseitig unterrichtet wurden. Sein Lesebuch »Der Kinderfreund« erschien in mehreren Sprachen, bis zur Mitte des 19. Jhs. war es das meistbenutzte Lesebuch an Deutschlands Schulen. In dem historischen Schulgebäude in Reckahn entstand ein an den »Vater der preußischen Volksschule« erinnerndes Museum.

Schinkel, Karl Friedrich (1781–1841)
Preußens bedeutendster Baumeister des Klassizismus schuf u.a. in Potsdam die Nikolaikirche und das Schloß Charlottenhof im Park von Sanssouci, in Berlin das Schauspielhaus (heute Konzerthaus Berlin) am Gendarmenmarkt sowie das Alte Museum. Der in Neuruppin geborene Künstler war u.a. Schüler von David und Friedrich Gilly. Schinkel hinterließ über 4000 Zeichnungen, etwa 100 Entwürfe von Theaterdekorationen und mehr als 60 Ölbilder. August von Wolzogen, sein Schwiegersohn, zählte 83 Schinkelsche Bauwerke – die vielen Umbauten nicht mitgerechnet. Theodor Fontane schrieb 1859: »Unter allen bedeutenden Männern, die Ruppin, Stadt und Grafschaft hervorgebracht, ist Karl Friedrich Schinkel der bedeutendste.« Schinkels Grabstätte befindet sich auf dem Dorotheenstädtischen Friedhof in Berlin.

Sorben/Wenden
Etwa 20000 Sorben leben in der Niederlausitz Brandenburgs, weitere 40000 in der angrenzenden Oberlausitz des Freistaates Sachsen. Die Sorben sind Nachfahren slawischer Stämme, die im 10. und 11. Jh. unter deutsche Herrschaft gerieten. Heute gelten die Sorben als das kleinste slawische Volk. Sorbe ist die wissenschaftlich exakte Bezeichnung, Wende die volkstümliche; beide bestehen gleichberechtigt nebeneinander. Die Sorben konnten ihre Sitten und Bräuche über die Jahrhunderte weitgehend bewahren. In sorbischer Sprache erscheinen Zeitungen und Bücher, auch Rundfunksendungen werden in sorbisch ausgestrahlt.

Wegener, Alfred (1880–1930)
Der Geophysiker und Meteorologe entwickelte die Theorie der Kontinentalverschiebung. Wegener, von dem 20 Bücher und mehr als 170 wissenschaftliche Veröffentlichungen stammen, unternahm vier Forschungsreisen nach Grönland, während der letzten fand er 1930 im Eis den Tod. Er wurde vielfach geehrt. So bekam eine Halbinsel an der Westküste Grönlands seinen Namen und auch ein Teil des Inlandeises von Antarktika wurde nach ihm benannt, der dänische König verlieh ihm das »Ritterkreuz des Danebrogordens«. In einer Gedenkstätte in Zechlinerhütte bei Neuruppin wird Alfred Wegeners Lebenswerk vorgestellt.

Weißstorch
Jeder dritte nach Deutschland zurückkehrende Weißstorch nistet im Land Brandenburg. 1993 war das »storchengünstigste« Jahr: 1208 Horstpaare zogen 1698 Junge groß. Die Hitliste der Storchenorte führt Rühstädt in der Prignitz an, gefolgt von Linum bei Neuruppin und Lübbenau im Spreewald. In der Niederlausitz wurden 1993 sogar dreimal Fünflinge großgezogen. Der Weißstorch zählt zu den gefährdeten Vogelarten, da ihm in den vergangenen Jahrzehnten zunehmend der Lebensraum genommen wurde. Meister Adebar ist auf ausgedehnte Feuchtwiesen angewiesen. Der Weißstorch (Weltbestand ca. 500000 Stück) wurde 1984 und 1994 zum Vogel des Jahres gekürt.

Krombacher
Krombacher

Klemmkuchen und viel Fisch

Zander, Hecht und Karpfen aus den zahlreichen Gewässern kommen frisch in Pfanne und Topf

Aus den Seen der Mark ernten die Fischer reichlich, den Köchen von der Uckermark bis zur Niederlausitz bereitet es deshalb keine Mühe, die verschiedenen Fischarten in frischem Zustand kaufen zu können. Im Spreewald gilt »Hecht in Spreewaldsoße« als Klassiker der Speisekarte, in anderen Gegenden rangiert der Karpfen vorn, der vor allem in den Peitzer Teichen hervorragende Lebensbedingungen vorfindet.

Im Mai und im Juni wird fast überall frischer Spargel angeboten, der besonders im Sandboden um Beelitz prachtvoll gedeiht. Brandenburg ist der größte ostdeutsche Anbauer dieses Edelgemüses. Viele Gerichte der märkischen Küche, die im Ruf steht, eine kräftige und deftige Hausmannskost zu bieten, erhalten durch Spreewälder Meerrettich oder Spreewälder Gewürzgurken ihren pikanten Geschmack.

In der Niederlausitz sind Hefeplinsen beliebt; dabei handelt es sich um einen in der Pfanne goldgelb gebackenen Eierkuchenteig. Die einen servieren die Plinsen mit Apfelmus und einem Sahnehäubchen obenauf, die anderen mit Marmelade oder zerlassener Butter, Zucker und Zimt. Als Nachtisch empfiehlt sich in der Heimat von Fürst von Pückler-Muskau das nach dem Gartenschöpfer benannte Eis. Hergestellt wird es aus fruchtigen Schichten halbgefrorener Sahne.

Wer im Fläming weilt und zum Nachmittagskaffee etwas typisch Regionales möchte, sollte nach Klemmkuchen fragen, den es traditionell von der Kirmesbis zur Fastenzeit gibt. Das knusprig-zarte Backwerk, hergestellt aus einem besonders dünn gehaltenen Teig, wird noch warm zu einer Tüte oder Rolle geformt und mit Sahne gefüllt. Historische Klemmkucheneisen, die um die acht Kilo wiegen, sind in den Museen in Belzig und Dahme ausgestellt.

Wer zu sehr geschlemmt hat, der sollte zum »Zinnaer Klosterbruder« aus Luckenwalde greifen, einem Likör, hergestellt aus einer Vielzahl heilkräftiger Kräuter. Nach dem Essen übt er eine wohltuende Wirkung aus.

Im Sommer wird der Fisch vielfach im Freien auf Gartenterrassen serviert

Der Brand des Kaiserpalastes in Pekin

ß der Kaiserliche Palast, die Residenz des Kaisers von China, zum Theil d
den Asbesthause von dem Höchstkommandirenden, Grafen Waldersee und
den nur aus leichtem Material hergestellten Gebäuden um sich, sodaß die
welcher um einige wichtige Akten zu retten in das brennende Gebäude noch

Blaudruck, Keramik, bunte Bilderbogen

Die Mark ist kein Shoppingparadies – doch ohne Mitbringsel muß keiner nach Hause fahren

Fontanes »Wanderungen durch die Mark Brandenburg« rangieren, einer Umfrage zufolge, an der Spitze der Mark-Souvenirs. Doch die vier nicht gerade dünnen Bände muß man nicht unbedingt aus Prenzlau, Buckow oder Potsdam nach Hause tragen – teurer als in Fontanes Reiseland sind sie beim Buchhändler zu Hause auch nicht. Der Griff nach Fontane-Literatur geschieht wohl auch eher aus Verlegenheit, denn große Gebiete in der Mark haben keine erwähnenswerte Volkskunst, die für den Reisenden interessant sein könnte, hervorgebracht. Nur in der Niederlausitz, dem Sorbenland, findet sich ein breites Angebot. Es reicht von Spreewälder Puppen über den für die Sorbentracht unentbehrlichen Blaudruck bis zu kunstvoll verzierten und bemalten Ostereiern. Vor allem ältere sorbische Frauen verstehen es meisterhaft, mit flüssigem Wachs Ornamente auf die Eier aufzutragen. Wohlbehalten bringt sie derjenige nach Hause, der praktisch handelt und dazu regionaltypische Keramik zum Einpacken kauft. Diese wird seit Jahrhunderten in den Orten Crinitz, Görzke, Marwitz und Rheinsberg produziert. Zu DDR-Zeiten gehörte Rheinsberger Keramik, erkennbar an blauer Glasur mit weißen Pünktchen und einem »R«, zu den sogenannten »Bückwaren« – was vom Export übrig blieb, wurde unter dem Ladentisch für auserwählte Kunden aufbewahrt. In Neuruppin werden Nachdrucke der bunten Bilderbogen bevorzugt gekauft, die ihm vorigen Jahrhundert Nachrichten um die Welt trugen. Kulinarische Mitbringsel sind aus dem Spreewald der Meerrettich und Gewürzgurken im Glas.

Einkaufsparadiese hat die Mark nicht zu bieten. Wer Shopping gehen möchte, fährt nach Berlin. Die Tauentzienstraße mit dem Europa-Center, der Kurfürstendamm und die Wilmersdorfer Straße sind die wichtigsten Einkaufsstraßen in Deutschlands Hauptstadt. Und ein Muß ist das KaDeWe (Kaufhaus des Westens) am Wittenbergplatz.

Als Vorläufer unserer heutigen Illustrierten gelten die Neuruppiner Bilderbogen

Flottenparade und Schloßkonzerte

Feste und Veranstaltungen zum Zuhören, Zuschauen und zum Mitmachen

Der Veranstaltungskalender ist umfangreich, besonders in der warmen Jahreszeit. Für Musikfreunde sind der »Choriner Musiksommer« und die »Musikfestspiele Potsdam-Sanssouci« feste Termine. Durch den reizvollen Rahmen, den in Potsdam die Schlösser und in Chorin die Klosterruine bieten, erhalten beide Veranstaltungsreihen besondere Atmosphäre. In vielen Orten werden bei den Festen historische Sitten vorgestellt, z.B. im Spreewald, wo die Sorben ihre Bräuche pflegen. Zu diesen gehört Zapust, der Fastnachtsumzug der Jugend, der um Cottbus, Guben und Forst zwischen dem Dreikönigstag bis etwa vier Wochen vor Ostern stattfindet und das Hexenbrennen in der Walpurgisnacht (30. April/1. Mai), bei dem eine aus Lumpen gefertigte Hexe verbrannt wird.

FEIERTAGE

Die üblichen im protestantischen Teil Deutschlands: Neujahr, Karfreitag, Ostermontag, 1. Mai, Christi Himmelfahrt, Pfingstmontag, 3. Oktober (Tag der Deutschen Einheit), 31. Oktober (Reformationstag), Buß- und Bettag, 1. und 2. Weihnachtsfeiertag.

Die Klosterkirche in Chorin ist die Kulisse für den »Musiksommer«

BESONDERE VERANSTALTUNGEN

Februar/März

Frankfurt/Oder: Frankfurter Festtage der Musik in der Konzerthalle »Carl Philipp Emanuel Bach«, *zwei Wochen*

Pfingsten

Rheinsberg: Rheinsberger Musiktage, *Sa bis Mo*
Fredersdorf (bei Belzig) Bettenrennen (Sieger wird, wer das schnellste, verrückteste und originellste mit Muskel- oder Motorkraft getriebene Bett steuert), *So*

Mai

Prenzlau: Original Uckermärkischer Markt (vor der Nikolai-Kirche), *1. Mai*
Werder: Baumblütenfest (mit Wahl der Blütenkönigin), *1. Wochenende*
Guben: Frühling an der Neiße (buntes Markttreiben, grenzüber-

MARCO POLO TIPS FÜR FESTE

1 **Choriner Musiksommer**
Bach, Schubert und Beethoven vor beeindruckender Kulisse (Seite 22)

2 **Musikfestspiele Sanssouci**
Konzerte mit namhaften Orchestern und Solisten in und vor berühmten Schlössern (Seite 22)

3 **Heimatfest Burg**
Sorbische Volkstrachten in Hülle und Fülle (Seite 22)

4 **Hengstparade Neustadt/Dosse**
90 Hengste und Zuchtstuten des Brandenburgischen Landgestüts lassen die Herzen von Pferdefreunden höher schlagen (Seite 23)

schreitender Staffellauf), *letztes Wochenende*

Mai bis August
★ *Chorin:* Choriner Musiksommer (in der Klosterruine), *Sa oder So*

Mai bis September
Buckow: Klassik im Grünen (im Parktheater), *1. Sa im Monat*

Juni
Beelitz: Spargelfest, *1. Wochenende*
Bad Freienwalde: Stadtfest (mit dem Fest des Liedes), *1. oder 2. Wochenende*
Bernau: Hussitenfestspiele (historischer Festumzug, mittelalterliches Markttreiben), *2. Wochenende*
★ *Potsdam:* Musikfestspiele Potsdam-Sanssouci, *eine Woche in der ersten Monatshälfte*
Perleberg: Altstadtfest, *3. Wochenende*
Senftenberg: Peter-Paul-Markt (mittelalterliches Marktspektakel, Folklore), *letztes Wochenende*
Eberswalde: Märkisches Volksfest, *3. Wochenende*
Neuruppin: Kultursommer (klassische Konzerte, Galeriefest, Sonderausstellungen), *letzte Woche*
Frankfurt/Oder: Deutsch-Polnisches Oderfest (in Frankfurt und Slubice), *ein Wochenende*

Juni bis August
In Brandenburg, Rheinsberg, Neuhardenberg und anderen Orten: Brandenburgische Sommerkonzerte »Klassiker auf Landpartie«

Juli
Jüterbog: Michaelismarkt (historische Trachten, Markttreiben), *20. Juli*
Forst: Rosenfest (mit »Nacht der tausend Lichter« im Ostdeutschen Rosengarten, Wahl der Rosenkönigin), *letztes Wochenende*

August
Peitz: Fischerfest (Anfischen am Teufelsteich, Kulturprogramm), *2. Wochenende*
Belzig: Burgfestwoche, *letztes Wochenende*
Templin: Stadtfest, *letztes Wochenende*
Finsterwalde: Sängerfest (Chorkonzert, Festumzug), *alle 2 Jahre, wieder 1996 drei Tage am letzten Wochenende*
★ *Burg:* Heimatfest (großer Festumzug mit vielen sorbischen

Trachten), *letztes Wochenende*
Frankfurt/Oder: Hanse-Fest (historisches Markttreiben zwischen Rathaus und Marienkirche), *ein Wochenende*

September
Lübbenau: Spreewaldfest (Folklore, sorbische Bräuche, Kahnkorso), *2. Wochenende*
Templin: Historische Festtage der Uckermark, *3 Tage Mitte des Monats*
Lübben: Spreewaldfest (Kahnkorso, Kulturveranstaltungen), *3. Wochenende*
★ *Neustadt/Dosse:* Neustadter Pferdetage (u.a. Hengstparade des Brandenburgischen Landgestüts), *3. und 4. So sowie 1. So im Okt.*

August/September
Uckermark: Uckermärkische Musikwochen (Veranstaltungen in Prenzlau, Templin, Lychen und weiteren Orten), *Mitte Aug. bis Mitte Sept.*

Oktober
Jüterbog: Johannismarkt (Markttreiben, Kulturveranstaltungen), *1. Sa*
Straupitz: Michaelismarkt (Folklore, sorbische Bräuche), *1. Sa*
Schwedt: Schwedter Oktoberfest (Markttreiben, Kulturveranstaltungen), *1. Wochende*
Fürstenwalde: Fürstenwalder Schützenfest mit Festumzug, *1. Wochenende*
Belzig: Zwei-Burgen-Lauf (25- und 8-km-Strecke), *2. So*
Frankfurt/Oder: Heinrich-von-Kleist-Festtage (Theater, Vorträge, Hausmusik), *um den 18. Okt.*

Dezember
Weihnachtsmärkte in *Potsdam, Cottbus, Frankfurt/Oder, Prenzlau* und weiteren Städten

Sorbisches Brauchtum, wie das Osterreiten, prägen viele Feste in der Niederlausitz

Wiesen, Wälder und stille Dörfer

Auf herrlichen Alleen durch die Prignitz, das Ruppiner Land und die Uckermark

Diejenigen, welche auf Ruhe und Besinnlichkeit aus sind und ihre Seele baumeln lassen möchten, sind im Norden Brandenburgs genau richtig. Flachwellig und meist waldbestanden zeigt sich im Nordwesten die Prignitz, begrenzt durch die Flüsse Elbe, Löcknitz und Dosse. Viel Wasser bieten im Nordosten die Uckermark, das nach einem slawischen Stamm benannte einstige Grenzland zwischen Brandenburg, Pommern, Mecklenburg und in der Mitte das Ruppiner Land, die Heimat von Theodor Fontane.

Der Tempelgarten in Neuruppin ist mit Statuen und maurischen Bauten ausgestattet

Wie zu Zeiten des berühmtesten märkischen Wanderers führen auch heute noch prachtvolle Alleen mit Eichen und Linden zu stillen Dörfern und kleinen Städten mit Schlössern und Gutshäusern, Backsteinkirchen und Denkmalen. Der Norden von Brandenburg kann zwar keine aufregende, aber eine reichhaltige Geschichte vorweisen.

NEURUPPIN

★ *»Ruppin hat eine schöne Lage – See, Gärten und der sogenannte ›Wall‹ schließen es ein ...«* Seitdem Fontane seine Geburtsstadt so liebevoll beschrieb, kommen viele hierher, um sie kennenzulernen. Neuruppin (32 000 Ew.) wurde

Übernachtungs- und Restaurantpreise

Hotels

Kategorie 1: über 180 Mark
Kategorie 2: 120 bis 180 Mark
Kategorie 3: unter 120 Mark

Preis pro Nacht für zwei Personen im Doppelzimmer mit Dusche/WC, Frühstück

Restaurants

Kategorie 1: über 22 Mark
Kategorie 2: 15 bis 22 Mark
Kategorie 3: unter 15 Mark

Preis für ein Hauptgericht ohne Vor- und Nachspeise und ohne Getränke

MARCO POLO TIPS FÜR DEN NORDEN

1 **Neuruppin**
Zu Besuch beim Baumeister Schinkel und dem Romancier Fontane (Seite 25)

2 **Gedenkstätte Sachsenhausen**
Erinnerung an die dunkelste Zeit der deutschen Geschichte (Seite 30)

3 **Rühstädt**
Auf jedem zweiten Haus des Dorfes nistet ein Weißstorchenpaar (Seite 34)

4 **Rheinsberg**
Durch Kurt Tucholskys Liebesgeschichte zu Ruhm gelangtes Städtchen (Seite 37)

nach dem Stadtbrand 1787 mit einem regelmäßigen Straßengitternetz und drei großen Plätzen im Stil des Frühklassizismus wiederaufgebaut. Die Stadt am 14 km langen Ruppiner See beeindruckt durch ihre Klarheit und Weite. Den beiden großen Söhnen Neuruppins wurden Denkmale gesetzt: das für Schinkel (1883) steht auf dem *Kirchplatz,* das für Fontane (1907) an der *Karl-Marx-Straße/Ecke Franz-Künstler-Straße.* (D 4)

BESICHTIGUNGEN

Fontanes Geburtshaus
Viel Interessantes zu sehen gibt es hier nicht, doch für Literaturfreunde ein Pflichtbesuch. Die Löwen-Apotheke in dem Haus besaß Fontanes Vater von 1819 bis 1826. *Karl-Marx-Straße 84*

Klosterkirche
Das Innere wurde 1839 nach Plänen Schinkels restauriert, die beiden Türme kamen erst 1906/07 hinzu. Die *»Klosterkirche«,* so kann bei Fontane nachgelesen werden, *»ist ein alter, in gotischem Stile ausgeführter Backsteinbau aus dem Jahre 1253 und gehörte dem unmittelbar daneben gelegenen Dominikanerkloster ...«. April bis Okt. Mo bis Fr 11–16, Sa, So 14–16 Uhr*

Predigerwitwenhaus
»In diesem Hause«, so Fontane, *»mit dem alten Birnbaum im Hof und einem dahinter gelegenen altmodischen Garten, hat Schinkel seine Knabenzeit vom sechsten bis vierzehnten Jahr zugebracht.«* Das Gebäude ist für eine öffentliche Nutzung vorgesehen. *Fischbänkenstraße 8*

Tempelgarten
Eine parkartige Gartenanlage mit Bauwerken und Plastiken aus dem 18./19. Jh., angelegt für Friedrich den Großen. Die maurischen Bauten errichtete man in der Anlage nach 1853. *Präsidentenstraße*

Tierpark Kunsterspring
Fast 300 Tiere in 75 Arten. Viele der schilfgedeckten Tierunterkünfte fügen sich harmonisch in die Landschaft unweit des Tornowsees ein. *April bis Sept. tgl. 9–19 Uhr, Okt. bis März tgl. 9 bis 17 Uhr, an der Hauptstraße nach Gühlen-Glienicke gelegen.*

MUSEUM

Heimatmuseum
6000 Neuruppiner Bilderbogen. Fünf Räume sind den beiden großen Künstlern Fontane und Schinkel gewidmet. *Di bis Fr 10 bis 17 Uhr, Sa, So, Feiertage 10–16 Uhr, August-Bebel-Straße 14/15*

RESTAURANTS/CAFÉ

Café & Konditorei Stroye
Kuchen aus eigener Herstellung in gemütlicher Atmosphäre. *So erst ab 14 Uhr, Präsidentenstraße 53*

Ruppiner Speisegaststätte
Umfangreiche Speisekarte gutbürgerlicher Küche. *August-Bebel-Straße 36/37, Kategorie 3*

Zum Biergarten
Hier geht es ungezwungen und leger zu. *Mo geschl., Poststraße 31, Kategorie 3*

EINKAUFEN

Etwa 40 Nachdrucke der berühmten Neuruppiner Bilderbogen bietet das Heimatmuseum zum Verkauf, auch das Fremden-

Charakteristisch für das Ruppiner Land: die Backsteinkirche in Neuruppin

verkehrsamt hält eine Auswahl bereit. Wer sich für ältere Dinge interessiert, wird vielleicht im Antiquariat *Karl-Marx-Straße 57* fündig.

ÜBERNACHTUNG

Altes Kasino – Hotel am See

1993 eröffnetes neues Haus in ruhiger Lage, direkt am Ruppiner See. 16 Zi., *Seeufer 12, Tel. 0 33 91/30 59, Fax 35 86 84, Kategorie 2*

Märkischer Hof

Nach aufwendiger Modernisierung ein gutes Stadthotel. 22 Zi., *Karl-Marx-Straße 51/52, Tel. 0 33 91/7 55 55, Fax 7 55 56, Kategorie 2, 3*

SPIEL UND SPORT

Das Jahnbad am Ruppiner See erreicht man über die Jahnstraße. Fahrgastschiffe starten zu verschiedenen Rundfahrten von Mai bis Sept. tgl. ab Seeufer. Dort können auch Ruderboote und Wassertreter gemietet werden.

AUSKUNFT

Fremdenverkehrsamt

August-Bebel-Straße 15, 16816 Neuruppin, Tel./Fax 0 33 91/23 45

ZIELE IN DER UMGEBUNG

Basdorf

Die Herzen aller Eisenbahn-Fans schlagen höher: 60 Dampf- und Diesellokomotiven stehen am Bahnhof Basdorf zur Besichtigung. Ältestes Stück ist die P 10, eine preußische Schnellzuglok aus dem Jahr 1922. *Mitte Mai bis Okt. Sa, So, Feiertage 10–18 Uhr* (F 5)

Demerthin

Eines der wenigen in der Mark erhalten gebliebenen Renaissanceschlösser (1604) schmückt das Dorf nordwestlich von Kyritz. Es soll Mittelpunkt eines Freilichtmuseums werden, zu dem Demerthin ausgebaut wird. (C 4)

Fehrbellin

Unter der Jahreszahl 1675 ist Fehrbellin (32 000 Ew.) in die europäische Geschichte eingegangen. Kurfürst Friedrich Wilhelm bezwang hier im 6 km südöstlichen Hakenberg die als unbesiegbar geltenden Schweden und hieß fortan der Große Kurfürst. Überlebensgroß kann der Monarch im Kurfürstenpark (von der Berliner Straße über Postplatz und Deschtower Weg zu erreichen) betrachtet werden; enthüllt wurde die Statue 1902 von Kaiser Wilhelm II. (D 5)

Gransee

Am 25. Juli 1810 machte der Leichenzug der legendären preußischen Königin Luise in Gransee (5000 Ew.) Halt. Diesem Ereignis ist das von Karl Friedrich Schinkel entworfene gußeiserne Denkmal auf dem Marktplatz gewidmet. Luise war sechs Tage zuvor im Schloß Hohenzieritz bei Neustrelitz im Alter von nur 34 Jahren verstorben. Mobiliar aus kriegszerstörten Schlössern der Umgebung sind im Heimatmuseum zu sehen. *Di–Fr 10–17 Uhr, Sa, So 10–16 Uhr, Rudolf-Breitscheid-Straße 44,* (E 4)

Hakenberg

Auf dem Kurfürstenhügel reckt sich ein »Ableger« der Berliner Siegessäule 34 m in die Höhe. Von dieser Stelle aus soll

1675 der Große Kurfürst seine Mannen im Kampf gegen die Schweden befehligt haben. Den Turm (1879) bekrönt die »Goldelse«, wie der Volksmund respektlos die römische Siegesgöttin nennt. In den Sockel des Denkmals ist eine 60 Zentner schwere Marmorbüste des Großen Kurfürsten eingelassen. Zum Denkmal führt eine schnurgerade 800 m lange Lindenallee, an deren Anfang seit fast 200 Jahren ein weiteres Denkmal in Form eines Vasenpostaments steht. Bevor man den 114stufigen Aufstieg beginnt, kann man sich in der Gaststätte Waldhaus am Denkmal stärken. *Nov. bis April Mo, Di geschl., Kategorie 3* (E 5)

Kampehl
Die Attraktion in der Feldsteinkirche des Neustadter Ortsteils Kampehl: ein mumifizierter Leichnam, der angeblich der des 1702 verstorbenen legendenumwobenen Ritter Kalbutz sein soll. *April bis Okt. tgl. 8–18 Uhr, Nov. bis März 9–12, 13–16 Uhr* (C 4)

Kyritz
Schön anzuschauen ist der Marktplatz der Stadt (10 000 Ew.) mit Fachwerkhäusern und dem zinnengekrönten Rathaus (1874–80), hübsche Fachwerkgiebelhäuser aus dem 17. und 18. Jh. stehen auch in der Sebastian-Bach-Straße. Am Haus Maxim-Gorki-Straße 38 erinnert eine Gedenktafel an ein Ereignis der jüngeren Geschichte: Die Bodenreform 1946, die der Kommunistenführer und spätere erste DDR-Präsident, Wilhelm Pieck, im nicht mehr vorhandenen Saal dieses Hauses verkündet hatte. Eine Personenfähre tuckert von April bis Okt. zur kleinen Insel im Untersee mit dem Inselrestaurant. *April bis Okt. 11–20 Uhr, Kategorie 3* (C 4)

Lindow
»Lindow ist so reizend wie sein Name. Zwischen drei Seen wächst es auf und alte Linden nehmen es unter ihren Schatten«, ist bei Fontane zu lesen. Daran hat sich bis heute nichts geändert: Wohnhäuser aus dem 18. Jh., Reste des Zisterzienserklosters (14. Jh.) und die drei von Fontane erwähnten Seen: Wutz-, Gudelack- und Vielitzsee. Im Vogelpark *(hinter dem Rathaus, Straße des Friedens, tgl. 8–18 Uhr)* leben etwa 150 Vogelarten. Lindow (2500 Ew.) ist Ausgangspunkt für Reisen in das Wald- und Seengebiet der Ruppiner Schweiz. *Zentral gelegen mit Terrasse und Fahrradverleih: Hotel Am Wutzsee, 17 Zi., Straße des Friedens 33, Tel./Fax 03 39 33/ 7 02 20, Kategorie 2, 3* (E 4)

Linum
Rund 15 Storchenpaare nisten jährlich in dem Dorf am Südrand des Rhinluchs. Die ausgedehnten Feuchtwiesen bieten ihnen reichlich Nahrung. In der ehemaligen Schmiede zeigt der Naturschutzbund eine Ausstellung zur Tier- und Pflanzenwelt der Gegend. *Mo bis Fr 13–17 Uhr, Sa, So 10 bis 18 Uhr, Nauener Straße 54.* Märkische Hausmannskost bietet die Gaststätte Storchen-Klause. *Nauener Straße 36, Tel. 03 39 27/ 2 40, Kategorie 3* (D 5)

Neustadt/Dosse
Seit dem 17. Jh. werden in Neustadt an der Dosse Warmblutpferde gezüchtet – die Königin von England und arabische Ölscheichs sollen hier schon Hengste erworben haben. Die heutigen

Fast 100 000 Menschen wurden im KZ Sachsenhausen von den Nazis getötet

spätbarocken Gebäude entstanden zwischen 1786 und 1778 als Friedrich-Wilhelm-Gestüt. Alljährlich an drei Sonntagen Ende September/Anfang Oktober lädt das heutige Brandenburgische Haupt- und Landgestüt zu den Neustädter Pferdetagen mit imponierender Hengstparade. Die Kirche der Stadt (3600 Ew.), auf dem Grundriß eines griechischen Kreuzes errichtet, gilt als erster märkischer Zentralbau. Als 1846/47 die Bahnlinie Berlin–Hamburg entstand, kam Neustadt zu einem klassizistischen Bahnhof, der heute als architektonische Kostbarkeit gilt. (C 4)

Oranienburg

Das Schloß (17./18. Jh.) erhielt Kurfürstin Louise Henriette aus dem Hause Oranien von ihrem Gemahl, dem Großen Kurfürsten, geschenkt. Auf dem Schloßvorplatz steht das bronzene Denkmal (1858) der Monarchin, die 1653 dem Dorf Bötzow ihren Namen gab. Das Kreismuseum informiert über die Geschichte von Stadt und Schloß, die märkische Binnenschiffahrt und über Ferdinand Runge (1794-1867), der in Oranienburg das Anilin entdeckte. *Di bis Sa 10–16 Uhr, So 13–16 Uhr, Breite Straße 1.* Oranienburg (30 000 Ew.) ist von Berlin mit der S-Bahn-Linie 1 zu erreichen. (F 5)

Sachsenhausen

★ Im KZ Sachsenhausen, einem Ortsteil von Oranienburg, haben die Nationalsozialisten Menschen aus über 45 Nationen gefoltert und ermordet – fast 100 000 fanden den Tod. Nach dem Zweiten Weltkrieg nutzte die sowjetische Besatzungsmacht Sachsenhausen als Internierungslager; die menschenunwürdigen Lebensbedingungen forderten erneut Tausende Todesopfer. Die heutige Mahn- und Gedenkstätte hat geöffnet: *April bis Sept. tgl. 8–18 Uhr, Okt. bis März tgl. 8–16.30 Uhr* (F 5)

Wandlitz

Traditioneller Ausflugsort der Berliner am gleichnamigen See mit Strandbad und Bootsverleih.

Im Agrarmuseum ist die größte Sammlung landwirtschaftlicher Gerätschaften und Maschinen ausgestellt, die es in Brandenburg gibt. *Di bis Fr 9–16.30 Uhr, April bis Okt. auch Sa, So 10–17 Uhr, Breitscheidstraße 22.* Wandlitz war zu DDR-Zeiten von Legenden umwoben: An der B 273, mitten im Wald und abseits vom Dorf, wohnte seit dem Ungarnaufstand 1956 die Führungsspitze der SED. Nach der politischen Wende 1989 mußten SED-Generalsekretär Honecker, Ministerpräsident Stoph, Wirtschaftslenker Mittag und die anderen SED-Politbüromitglieder ihre Häuser räumen. Zu Tausenden strömten die Menschen in die bis dahin von der Stasi abgeriegelte Waldsiedlung und waren enttäuscht über die schlichten Häuser ihrer Mächtigen. Die Waldsiedlung gehört heute zu einer Rehabilitationsklinik. (F 5)

Wustrau

Noch um 1900 stellten die Abenteuergeschichten des Husarengenerals Joachim Hans von Zieten (1699–1786) alle amerikanischen Cowboylegenden in den Schatten. Der General, der Friedrich dem Großen diente, ließ für sich das Barockschloß errichten (heute von der Deutschen Richterakademie genutzt). Fontane hat dem Dorf Wustrau (südöstlich von Neuruppin) im 1. Band seiner »Wanderungen« ein Kapitel gewidmet. Die Zietenschen Gräber befinden sich neben der Dorfkirche (1781). Die Husarentradition führt der Reiterhof Wendt fort, von der »Kutscherstube« kann durch große Scheiben direkt in den Pferdestall geschaut werden. *Kategorie 3* (E 4)

PERLEBERG

Das historische Stadtbild mit vielen hübschen Fachwerkhäusern blieb im Hauptort (14 000 Ew.) der Prignitz weitgehend erhalten. Wer's nicht glaubt, sollte den alten Merianstich zur Hand nehmen, damit zur Eichenpromenade gehen und vergleichen. Dort etwa, auf der ehemaligen Wallanlage am Hagen, müßte der Kupferstecher um 1650 gestanden haben. Zentrum des Altstadtkerns, den zwei Flußarme der Stepenitz umschließen, bilden der Große Markt, der Schuhmarkt und der Kirchplatz. (B 3)

BESICHTIGUNGEN

Altstadt

Die Kirche St. Jakobi ist ein unverputzter gotischer Backsteinbau, dessen älteste Teile aus dem 13. bis 15. Jh. stammen. Am frei auf dem Großen Markt stehenden Rathaus sind der Westgiebel aus dem 15. Jh. und der von Friedrich August Stüler stammende neugotische Ostteil sehenswert. Zu den herausragenden Fachwerkhäusern zählt das Gebäude Großer Markt 4, ein zweigeschossiges spätgotisches Giebelhaus (16. Jh.), das wie viele andere dringend der Restaurierung bedarf. Der Große Markt geht in den Kirchplatz mit Giebelhäusern aus dem 16. bis 18. Jh. über.

Roland

Die Perleberger meinen, ihr 5,40 m hoher Roland sei der schönste der 25 Rolande in Deutschland. Im Mittelalter waren die Rolande Symbol städtischer Freiheiten. *Großer Markt*

MUSEUM

Kreisheimatmuseum
Glanzstücke der Ausstellung: Die Funde aus dem 1899 entdeckten Königsgrab von Seddin und die originale Einrichtung der Kolonialwarenhandlung Dittmer, in der von 1896 bis 1985 verkauft wurde. *Di bis Fr 9–12, 13–16 Uhr, Sa, So 14–17 Uhr, Mönchort 7–10*

RESTAURANTS

Forstgasthaus Hubertus
Wildgerichte, am Nachmittag hausgemacher Kuchen. *Wilsnacker Chaussee (am Eingang zum Heimattierpark), Kategorie 2*

Stadt Magdeburg
Speiserestaurant mit gut-bürgerlicher Küche. *Mo geschl., Wittenberger Straße 67, Kategorie 2*

ÜBERNACHTUNG

Deutscher Kaiser
Familienhotel aus der Gründerzeit, antike Einrichtung. Am Beginn der Fußgängerzone im Stadtzentrum. 25 Zi., *Bäckerstraße 18, Tel. 0 38 76/24 10, 25 53, Fax 46 41, Kategorie 2*

Henningshof
Einsam stehendes Hotel inmitten von Wiesen und Feldern. Restaurant mit deftiger Kost, gemütliche Bierbutze (Di, Mi, Do ab 19 Uhr), Bar im Scheunenstil (Sa, So ab 21 Uhr) und Freizeitanlage mit 3-Feld-Tennishalle, Schwimmbad, Sauna, Solarium, Minigolf, Fahrradverleih; behindertengerecht. 23 Zi., *Zufahrt über die Quitzower Straße, Tel. 0 38 76/50 31, 25 84, Fax 50 35, Hotel Kategorie 2, 3, Restaurant Kategorie 2*

AUSKUNFT

Fremdenverkehrsbüro
Großer Markt 1, 19348 Perleberg, Tel. 0 38 76/22 59, Fax 24 17

ZIELE IN DER UMGEBUNG

Bad Wilsnack
Vor allem chronische Gelenk- und Wirbelsäulenschäden werden in dem Kurort behandelt. Die Wunderblutkirche, eine Wallfahrtskirche aus dem 14. Jh.,

Perleberger Glanzwichse

1879 auf der Weltausstellung im fernen Sidney bekam ein Perleberger Produkt eine Bronzemedaille: Geehrt wurde die 1835 vom Kaufmann und Kolonialwarenhändler Carl Ludwig Beutel kreierte Schuhwichse. Pfundweise sollen die Soldaten und Offiziersfrauen der ortsansässigen Garnison die »Perleberger Glanzwichse« gekauft haben. Offensichtlich fielen die Perleberger mit besonders glänzenden Stiefeln auf – denn in den 60er und 70er Jahren war Beutels Glanzwichse in ganz Deutschland gefragt. Zwischen dem Ersten und Zweiten Weltkrieg existierten in Perleberg drei derartige Fabriken, heute erinnert nur noch die im Heimatmuseum ausgestellte Bronzemedaille aus Sidney an den Glanz der Perleberger Wichse.

schmückt sich mit bedeutenden Kunstwerken. Im Mittelalter soll Wilsnack der fünftgrößte Wallfahrtsort in Mitteleuropa gewesen sein. (B 4)

Freyenstein

Zwei dicht beieinanderstehende Schlösser: Vom Alten Schloß (16. Jh.) mit schönen Terrakotten blieben nur noch der Treppenturm und Teile des Westflügels erhalten. *April bis Sept. Mi, Sa, So 14–17 Uhr.* Das Neue Schloß (17. Jh.) wurde mit dem südlich gelegenen Wittstocker Tor verbunden. (C 2)

Havelberg

Tausende strömen jährlich am ersten Samstag im Sept. zum traditionellen Pferdemarkt in die Stadt. Die wenigsten von ihnen kommen auf die Elbwiesen, um einen Gaul zu erwerben, 90 Prozent des Marktes sind Klamauk. Hoch über der Stadt (8000 Ew.), die verwaltungspolitisch zum Bundesland Sachsen-Anhalt gehört, erhebt sich der mächtige romanische Dom St. Marien. Die Stiftsgebäude des Domensembles beherbergen das Prignitz-Museum. *April bis Okt. Di bis So 10–12, 13–17 Uhr, Nov. bis März Mi bis So 10–12, 13–17 Uhr* (B 5)

Heiligengrabe

Zur Zeit Friedrichs des Großen wurde das 1287 gegründete Zisterzienserinnenkloster ein Damenstift. In den renovierungsbedürftigen Fachwerkhäusern um die Anlage wohnten die adligen Stiftsdamen. In der Klosterkirche erzählen sechs Tafelbilder (einst waren es 15) die Gründungsgeschichte. Wer noch mehr über die Klostergeschichte und die des Damenstifts erfahren möchte, sollte sich die Ausmalung in der prachtvollen 1512 geweihten Kapelle anschauen, die die Geschichte darstellt. Das Stift Heiligengrabe hat die Jahrhunderte bis heute überdauert. Von *Mai bis Sept., Sa 19 Uhr Abendmusiken. Klosterführungen (Dauer 45 Min.) Mo bis Fr 10.30, 16 Uhr, So, Feiertage 14, 16 Uhr*

Gediegene Atmosphäre bietet das Hotel und Restaurant Heiligengraber Krug. 7 Zi., *Wittstocker Straße 31, Tel. 03 39 62/5 02 42, Fax 5 04 33, Kategorie 3* (C 3)

Königsgrab Seddin

Ein beachtlicher Hügel, der einen Durchmesser von 130 m und eine Höhe von 12 m hat. Die Funde – Begräbnisbeigaben – aus einer etwa 3000 Jahre alten Begräbnisstätte, der Sage nach die eines König Hinz, sind im Perleberger Museum zu sehen. Der Weg zum größten Bronzezeit-Grabmal Nordeuropas: *Von der B 189 in Richtung Kreuzburg, nach 2,3 km biegt von der Straße Kreuzburg–Seddin links ein Waldweg ab (ausgeschildert), auf dem es 1,1 km bis zum Grab sind.* (B 3)

Lenzen/Elbe

Der Burgturm ist vermutlich der einzige Punkt in Deutschland, von dem aus in vier Bundesländer – im Norden Mecklenburg-Vorpommern, im Osten Brandenburg, im Süden Sachsen-Anhalt und Niedersachsen – geschaut werden kann. Im Burgmuseum wurde die Schlacht zwischen Sachsen und Slawen im September des Jahres 929 nachgestellt. Ein Diorama von 22 qm zeigt 8500 Zinnfiguren und 450 Wagen. *Mi bis So 9–12, 13–17 Uhr, Burg*

Naturpark Brandenburgische Elbtalaue

Der 617 qkm große Naturpark gehört zum länderübergreifenden Großschutzgebiet »Untere Mittelelbe-Niederung« (1291 qkm), das als Unesco-Biosphärenreservat anerkannt werden soll. Der Naturpark umfaßt die Gebiete auf der rechten Elbseite zwischen Quitzöbel (Brandenburg) und Dömitz (Mecklenburg-Vorpommern). Hier leben Biber, Fischotter und die Europäische Sumpfschildkröte. Nachgewiesen wurden etwa 700 Großschmetterlings- und rund 150 Brutvogelarten. Typischer Vogel für die Elbtalniederung ist der Graureiher, von dem es mehrere Brutkolonien mit oft über 100 Horsten gibt. Mehr als 130 Weißstorchpaare brüten in der herrlichen Flußlandschaft. (A–B 4)

Plattenburg

Norddeutschlands älteste und besterhaltene Wasserburg. Ihr heutiges Aussehen erhielt der einstige Sitz der Havelberger Bischöfe im 17. Jh. Einmal im Monat erklingt Konzertmusik in der neugotisch eingerichteten Kapelle, dem ehemaligen Back- und Brauhaus. *Führungen (Dauer 40 Min.) Mo bis Fr 10, 11, 13, 16 Uhr, Sa, So 11, 13, 15, 16 Uhr* (B 4)

Rühstädt

★ Das Storchendorf der Mark! Nirgendwo in Europa soll es soviele Störche geben wie in dem Dorf an der Elbe (38 Horste waren 1994 besetzt). An jedem Haus mit einem Nest auf dem Dach informiert eine Tafel über Ankunft, Abflug und die Zahl der aufgezogenen Jungen. Wer mehr über diese Vogelart erfahren möchte, sollte das Storchenhaus in der Dorfmitte besuchen. *Tgl. 10 bis 18 Uhr* (B 4)

Wittstock

Die bedeutendste Stadt (12 000 Ew.) der Ostprignitz mit einem reizvollen Zentrum, das noch fast vollständig von der 2,5 km langen Stadtmauer umschlossen wird. Vom gotischen Gröpertor (14. Jh.) führt die Gröperstraße in die Altstadt zum weitläufigen Markt und zu hübschen Fachwerkhäusern in der Werder-, Bader- und Baustraße. Wittstock putzt sich gegenwärtig heraus und scheint das märkische Rothenburg zu werden. Im Torturm, einem Rest der alten Burg, befindet sich das Ostprignitzmuseum. *Di–Fr 9.30–12 Uhr, 13.30 bis 16 Uhr, So 13.30–16 Uhr, Mai bis Okt. zusätzlich 9.30–12 Uhr. Amtshof 5.* Am Rande der Innenstadt, direkt an der Stadtmauer, das Hotel »Am Röbler Tor« mit schmackhaften Wild- und Fischgerichten und (nachmittags) hausgebackenem Kuchen. 15 Zi., *Dosseteich 1, Tel./Fax 03394/3556, Hotel Kategorie 2, Restaurant Kategorie 1* (C–D 3)

PRENZLAU

Die größte Stadt (22 000 Ew.) der Uckermark. Etwas von der Stadtgeschichte erzählen die Bilder der 1993 auf dem *Marktberg/Ecke Friedrichstraße* aufgestellten 4 m hohen Kalksteinsäule. Seine große Zeit hatte Prenzlau nach 1465, als es Hauptstadt der Uckermark war. Im Zweiten Weltkrieg wurden viele Bauwerke vernichtet, erhalten blieben glücklicherweise große Teile der mittelalterlichen Wehranlage

Storchenpaar im Storchendorf Rühstädt

mit Wiekhäusern und sechs Türmen. Zum Spazierengehen laden die hinter der Sabinenkirche (13./19. Jh.) beginnende Promenade des Unteruckersees und der große Stadtpark ein. (G2)

BESICHTIGUNGEN

Marienkirche

Ein herausragendes Bauwerk norddeutscher Backsteingotik (13./14. Jh.) mit prächtigem Maßwerkgiebel. Die Restaurierungsarbeiten an der 1945 ausgebrannten Kirche werden noch längere Zeit andauern. Das bronzene Standbild Martin Luthers (1903) an der Südwestecke entstand nach dem Wormser Original. Der Aufstieg zu den Türmen, die ein Laufgang verbindet, wird mit einem herrlichen Blick aus 65 m Höhe belohnt. *Juli, Aug. Mo bis Fr 11–12 Uhr, Marktberg (Eingang Südseite)*

MUSEUM

Kulturhistorisches Museum

Informationen im ehemaligen Dominikanerkloster gibt es vor allem über die Uckermark.

Wertvolle Zeugen der Kulturgeschichte sind die spätgotischen Wandmalereien im ehemaligen Refektorium. *Nov. bis April Di bis Fr 10–12, 14–16 Uhr, Mi bis 18 Uhr, So 14–16 Uhr, Mai bis Okt. zusätzlich Sa, So 10–12, 14–17 Uhr, Uckerwiek*

RESTAURANTS

Am Uckersee
Weinstube mit gehobener Küche, rund 50 Weine aus verschiedenen Anbaugebieten. *Fischerstraße 25, Kategorie 1*

Dom
Steakhaus und Café, hell und freundlich, in der Stadtmitte gelegen. *Friedrichstraße 10, Kategorie 2*

ÜBERNACHTUNG

Overdiek
Neubau an der B 198 am Rand des Stadtparks. Immer gut besucht: Ovi's Pub, eine typisch englische Bierkneipe. 28 Zi., *Baustraße 33, Tel./Fax 0 39 84/8 56 60, Kategorie 2*

Parkhotel
Ruhige Lage am Stadtpark. 32 Zi., *Grabower Straße 14, Tel./Fax 0 39 84/30 21, Kategorie 2*

Wendenkönig
1994 eröffnetes Hotel garni am Stadtrand. 42 Zi., *Neubrandenburger Straße 66, Tel./Fax 0 39 84/ 50 98, Kategorie 3*

SPIEL UND SPORT

Der am südlichen Stadtrand gelegene 7,6 km lange und 2,5 km breite Unteruckersee ist beliebt bei Surfern und Seglern. Schiffsrundfahrten (Dauer 1,5–2 Std.) beginnen Mai bis Mitte Okt. an der Uckerpromenade, dort können auch Boote gemietet werden. Wer den See umwandern oder mit dem Fahrrad umradeln möchte: Der mit gelben Punkten markierte Rundweg hat eine Länge von 30 km.

AM ABEND

In der Arche: Kabarett, Theater, Vorträge. *Grabowstraße 6.* Die Nordostdeutsche Philharmonie spielt in der ehem. Exerzierhalle. *Grabowstraße (ehemalige Kaserne)* Für junge Leute: City-Treff, *Franz-Wienholz-Straße 21* und Tam-tam, *Karl-Marx-Straße 8*

AUSKUNFT

Uckermärkischer Verkehrsverein Prenzlau e.V.
Langer Markt 12, 17291 Prenzlau, Tel./Fax 0 39 84/27 91

ZIELE IN DER UMGEBUNG

Angermünde
Zwei Kirchen, der Pulverturm und Reste der Stadtmauer zeugen von der großen Zeit, als Angermünde Mitglied des mächtigen Hansebundes war. Das Ehm-Welk-Literaturmuseum stellt den Autor von »Die Heiden von Kummerow« (1937) und »Die Lebensuhr des Gottlieb Grambauer« (1938) vor. *Di, Mi, Fr. 9–12, 14 bis 16 Uhr. Puschkinallee 10.* Ehm Welk (1884–1966) wurde im 15 km entfernten Dorf Biesenbrow geboren. (H 3)

Boitzenburg
Drei Sehenswürdigkeiten bietet das Dorf: Das stattliche Renaissanceschloß (zu DDR-Zeiten Erholungsheim der Armee, seitdem ungenutzt), die Ruine des Zisterzienserinnenklosters und die unmittelbar nach dem Dreißigjährigen Krieg erbaute Wassermühle, die zum Produktionsmuseum Klostermühle wurde. *Di bis So 10–17 Uhr, im Winter bis 16 Uhr, Mühlenweg 5* (F–G 2)

Deutsch-polnischer Nationalpark Unteres Odertal

Der grenzüberschreitende Naturpark soll auf einer Länge von etwa 60 km die 2 bis 3 km lange Oderaue schützen, eine der letzten naturbelassenen Flußlandschaften Mitteleuropas. Für den im Entstehen begriffenen Park sind ein botanischer Garten, ein kleiner Tierpark und ein Museum geplant, das über Geologie, Klima sowie die Tier- und Pflanzenwelt der Oderauen informieren soll. Im brandenburgischen Parkteil, der von Hohensaaten bis Mescherin reicht, gibt es bereits zwölf Rundwege zum Wandern und Radfahren. (H–I 2–4)

Schwedt

Das barocke Stadtbild Schwedts wurde 1945 durch Kampfhandlungen fast völlig zerstört. Erhalten blieben der Berlischky-Pavillon von 1779 (Lindenallee) und eine Kostbarkeit, das Jüdische Ritualbad von 1878 (Harlanstraße), dessen Kuppel von etwa 4 m Durchmesser aus dem Erdreich ragt. Seit 1964 ist Schwedt Standort der Erdölchemie. In diesem Zusammenhang wuchsen umfangreiche Wohnkomplexe auf den grünen Wiesen – nirgendwo im Norden Brandenburgs gibt es soviel Wohnungsbau à la DDR an einer Stelle zu sehen. Die Einwohnerzahl Schwedts erhöhte sich von 6000 im Jahr 1960 auf gegenwärtig 52 000. (H 3)

Wolfshagen

Der Schloßpark am Haussee – gestaltet nach Entwürfen von Peter Joseph Lenné – gilt als Geheimtip für erholsame Spaziergänge. In dem Dorf nordwestlich von Prenzlau können zahlreiche Denkmale besichtigt werden, darunter die Königssäule von 1834 und das Erbbegräbnis der Grafenfamilie von Schwerin. (G 2)

RHEINSBERG

★ Kurt Tucholskys Erzählung »Rheinsberg – Ein Bilderbuch für Verliebte« hat das Städtchen (5500 Ew.) zum Wallfahrtsort gemacht. Wie einst das Berliner Pärchen Claire und Wolfgang wollen die Gäste die Romantik und Ruhe von Wasser und Wald genießen. Wer hat das nicht alles schon hier getan? Kronprinz Friedrich (der spätere König Friedrich II.) gehört dazu, sein Bruder Prinz Heinrich, der vier Jahrzehnte auf dem Schloß lebte, Fontane, der mit dem Boot kam. Als der Ort 1740 abbrannte, beauftragte Friedrich II., sich an seine glücklichen Rheinsberger Jahre erinnernd, den Baumeister von Knobelsdorff mit dem Wiederaufbau. Der schuf das barocke Stadtbild, das eine Harmonie von Kunst, Architektur und Landschaft bildet. (E 3)

BESICHTIGUNGEN

Schloß

Herausragendes Bauwerk des norddeutschen Rokoko. Im Schloß, das zu DDR-Zeiten als Sanatorium diente, sind der Spiegelsaal und 15 Räume zu besichtigen. In einem Seitenflügel erhielt Tucholsky eine Gedenkstätte, in der Galerie im Nordturm werden wechselnde Ausstellungen gezeigt. *April bis Okt. Di bis So 9.30–12.30, 13–17.30 Uhr, Nov. bis Jan. bis 15.30 Uhr, Febr., März bis 16.30 Uhr*

Norddeutsche Rokoko-Architektur: Schloß Rheinsberg

Schloßpark
Zahlreiche Bau- und Kunstdenkmale schmücken den Park am Grienericksee, unter ihnen die Grabpyramide für Prinz Heinrich. Dem Schloß gegenüber wurde 1791 ein Obelisk als Denkmal für den Siebenjährigen Krieg errichtet. Wer über die Haupt- und die Querallee sowie den Großen Damm dorthin läuft, wird vom Obelisk-Hügel mit einem schönen Blick auf das Schloß belohnt.

RESTAURANTS/CAFÉ

Holländer Mühle
Freizeitanlage mit Kegelbahn, Kinderspielplatz, Vogelvolieren; ideal geeignet für Familien mit Kindern. *Mo geschl., Schwanower Straße, Kategorie 3*

Ratskeller
Das angebliche Lieblingsgericht Fontanes (Alt-Brandenburger Schmorbraten in Ingwersoße mit Apfelrotkohl, Kartoffelklößen) und vieles andere. *Am Markt 1, Kategorie 2*

See-Pavillon
Reizvolles Café-Restaurant mit einem großem Garten am Ufer des Grienericksees. *Seestraße 19 b, Kategorie 2*

EINKAUFEN

Blaue Glasur mit weißen Pünktchen und ein geschwungenes

»R« gehören zur Rheinsberger Keramik, die eine über 200jährige Tradition besitzt; unter rund 80 Artikeln kann gewählt werden. *Rhinstraße/Ecke Lange Straße.* Die Galerie Zopf bietet Keramik, Porzellan, Glas, Schmuck und Malerei von Künstlern aus der Mark. *Kavalierhaus, Markt.* Frischen Fisch gibt es bei Fischermeister Eilke, *Seestraße 19 c*

ÜBERNACHTUNG

Deutsches Haus
Familiengeführtes Haus, 1994 völlig modernisiert. Lichtdurchfluteter Wintergarten, Sauna, Solarium, Whirlpool. 32 Zi., *Seestraße 13, Tel./Fax 03 39 31/27 77, Kategorie 2*

Goldener Stern
Kleines Haus, 100 m vom Schloß entfernt, Restaurant mit deutscher und griechischer Küche. 8 Zi., *Mühlenstraße 4, Tel. 03 39 31/21 79, Kategorie 3*

SPIEL UND SPORT

Das Seebad befindet sich an der *Reuterpromenade*, Bootsverleih von Mai bis Okt. *am Bollwerk (über die Tucholskystraße zu erreichen)* und an der *Seestraße*, dort beginnen auch die Schiffsrundfahrten (Dauer 1,5 oder 2 Std.). Kutschen stehen in der warmen Jahreszeit tgl. ab etwa 11 Uhr vor dem Schloß zu Fahrten bereit.

AM ABEND

Musikalische Unterhaltung bieten die Kammeroper Rheinsberg und die im Kavalierhaus eingerichtete Musikakademie Rheinsberg. Gespielt wird im Spiegel- oder Gartensaal des Schlosses, im Heckentheater des Parks und in der Kirche St. Laurentius.

AUSKUNFT

Tourist-Information
Kavalierhaus am Markt,
16831 Rheinsberg,
Tel./Fax 03 39 31/20 59

ZIELE IN DER UMGEBUNG

Ravensbrück
Ihr größtes Frauenkonzentrationslager errichteten die Nationalsozialisten im Fürstenberger Ortsteil Ravensbrück. Über 130 000 Frauen und Kinder aus mehr als 20 Nationen wurden von 1939 bis 1945 hierher verschleppt, etwa 90 000 fanden den Tod. Die Gedenkstätte erinnert an die unmenschlichen Leiden, im ehem. Zellenbau entstanden die Gedenkräume der Nationen. *Mai bis Sept. 8–18 Uhr, Okt. bis April 8–17 Uhr, Straße der Nationen* (E 3)

Stechlinsee
Der Große Stechlinsee und das Dorf Neuglobsow an seinem Ostufer sind noch so schön wie zu jenen Zeiten, als Fontane hier weilte und schrieb: *»Der Stechlin hat Launen und man muß ihn ausstudieren wie eine Frau.«*
Fontane hat den nordöstlich von Rheinsberg gelegenen See durch sein letztes Buch, den berühmten Roman »Der Stechlin« (1899), weithin bekannt gemacht. Er ist durch halbinselartige Vorsprünge vielfach gegliedert und deshalb in seiner vollen Größe (4,3 qkm) nicht überschaubar. Mit einer mittleren Tiefe von 24 m gehört er zu den tiefsten Seen Nord-

deutschlands, sein Wasser zum saubersten weit und breit. Bis zu 4 m hinab lassen sich im klaren Wasser die Fische beobachten. (E 3)

Zechlinerhütte
Ein seit Jahrzehnten beliebter Ferienort, von Hamburg und Berlin auch auf dem Wasserweg zu erreichen. Im schlichten Herrenhaus der stillgelegten Glashütte verbrachte der Geophysiker und Meteorologe Alfred Wegner oft die Schulferien mit seinen Eltern. Heute ist in dem Haus eine Gedenkstätte für den Wissenschaftler eingerichtet. *Mo bis Sa 10–15 Uhr, So bis 14 Uhr, Rheinsberger Straße 27,* (E 3)

TEMPLIN

Bis heute hat das Städtchen (14 500 Ew.), »Perle der Uckermark« genannt, sein Flair von Ruhe behalten. Die Gassen mit Kopfsteinpflaster säumen kleine Fachwerkhäuser, umgürtet wird die Altstadt von der fast vollständig erhalten gebliebenen mittelalterlichen Stadtmauer. Auf markierten Wegen kann in die hügelige Umgebung gewandert werden, in die 180 große und kleine Seen eingebettet sind. Sechs von ihnen bilden das Templiner Seenkreuz: der Rödelin-, Fähr-, Bruch-, Netzow-, Lübbe- und Templiner See. Siehe auch: Marco Polo Führer »Die 30 tollsten Ziele in Europa«. (F 3)

BESICHTIGUNGEN

Landeskulturkabinett
Rund ein Dutzend Fischadler brüten noch in Templins Umgebung. Wer in der Natur keinen zu Gesicht bekommt, kann sich den prachtvollen Vogel hier präpariert anschauen. *Mo bis Fr 10 bis 12, 13.30–16 Uhr, Berliner Straße (im Templiner Tor)*

Stadtbefestigung
Besonders gut erhaltene Anlage. Die 7 m hohe Stadtmauer weist eine Länge von 1735 m auf, drei gotische Stadttore gehören dazu.

MUSEUM

Museum Templin
Thema der Ausstellung ist das Leben der Bauern, Waldarbeiter, Schiffer und Fischer in der Uckermark im Mittelalter. *Mo bis Fr 9–12, 13.30–17 Uhr, Sa, So 13.30–17 Uhr, Prenzlauer Tor*

RESTAURANTS

Gasthaus im Turm
Urgemütlich, im Sommer mit Biergarten. *Prenzlauer Allee 25, Kategorie 3*

Godewind
Gute Adresse am Templiner See. Zu empfehlen: gebratene Entenbrust mit Mandeln, Ingwer und Butterreis. *Mo geschl., Prenzlauer Allee 24, Kategorie 2*

ÜBERNACHTUNG

Euromill-Ferienhotel Templin
Noch mit DDR-»Charme«, dafür aber wunderschön am Lübbesee gelegen. Hallenbad, Sauna, Fitneßcenter, Solarium und eigener Badestrand. Vom Restaurant Adlerhorst in der 12. Etage phantastischer Blick. 670 Zi., *Am Lübbesee 1, Tel. 039 87/450, Fax 452 10, Kategorie 2*

Fährkrug
Modernes Haus direkt am Fährsee, von allen Zimmern haben Sie Blick auf das Wasser. 40 Zi., *Fährkrug 1, Tel. 0 39 87/4 80, Fax 4 81 11, Kategorie 1*

SPIEL UND SPORT

Ruder-, Paddel- und Segelboote sowie Surfbretter können gemietet werden am Lübbesee nahe dem Ferienhotel Templin und am Stadtbad am Templiner See, *Prenzlauer Allee.* Freibäder gibt es noch am Nordufer des Templiner Sees, am Fährsee und am Lübbesee. Das Hallenbad im Ferienhotel Templin hat nicht nur für Hotelgäste geöffnet. Das Fahrgastschiff Uckermark startet in den Sommermonaten Di bis So mehrmals am Tag zu Rundfahrten. *Abfahrt: Am Eichenwerder bei der Seestraße.*

AM ABEND

Von Mai bis Sept. (meist Mi. 19.30 Uhr) finden Konzerte in der Maria-Magdalenen-Kirche statt; vielfältige Veranstaltungen gibt es im neuen, Ende 1993 eröffneten Multikulturellen Zentrum, *Prenzlauer Allee*

AUSKUNFT

Tourist Information
Am Markt 12, 17268 Templin, Tel. 0 39 87/26 31

ZIELE IN DER UMGEBUNG

Lychen
Zahlreiche Seen umgeben die Altstadt und lassen sie fast zur Insel werden. Das Lychener Seenkreuz besteht aus sieben miteinander verbundenen Hauptseen. Vom Kunstsinn der damaligen Bürgerschaft und dem Können der Baumeister und Handwerker zeugt die 600 Jahre alte St.-Johannes-Kirche. Der 7 km lange Wurlsee-Rundweg (ausgeschildert mit gelben Kreuzen) führt um den saubersten See in Lychens Umgebung. (F 3)

Museumspark Mildenberg
In der einst größten Ziegelregion Europas zwischen Mildenberg und Zehdenick entsteht ein 50 ha großer Museumspark.

Den Mittelpunkt wird ein Ziegelei-Museum bilden, eines der wertvollsten Exponate dürfte die 1927 von der Berliner Firma Borsig erbaute Dampfmaschine sein. Etwa die Hälfte aller im vorigen Jahrhundert in Berlin errichteten Mietskasernen entstand aus gelb-braunen Zehdenicker Ziegeln. (F 4)

Naturpark Feldberg-Lychener-Seenlandschaft
Besonders schöne Landschaft zwischen dem brandenburgischen Lychen und dem mecklenburgischen Feldberg. Das 1100 qkm große Wald- und Seengebiet, in dem Fischadler und Kraniche sich wohlfühlen, ist durch ein ausgeschildertes Wanderwegenetz gut erschlossen. (F 2–3)

Ringenwalde
Mehr als 3000 Jahre alt sind die 47 Hügelgräber bei Ringenwalde, südöstlich von Templin gelegen. Westlich der Hauptstraße in Richtung Joachimsthal steht eine Informationstafel, ein fast 1 km langer Rundweg führt zu den bronzezeitlichen Hügelgräbern. (G 3)

Mini-Alpen und 500 Seen

Wandern, Radfahren und Badespaß im Barnim, der Märkischen Schweiz und dem Oder-Spree-Seengebiet

Besonders schöne Landschaften werden »Schweizen« genannt, deshalb erhielt die Region um Buckow den Namen »Märkische Schweiz«. Bismarck spazierte dort auf der Promenade und Preußenkönig Friedrich Wilhelm II. bekam von seinem Leibarzt den Rat: »Majestät, in Buckow geht die Lunge auf Samt!« Überraschend gehen die Hügel, schmeichelnd oft Mini-Alpen genannt, in das Oderbruch über. Flach wie ein Brett liegt es da. Wiesen und Felder soweit das Auge reicht, zerschnitten von Entwässerungsgräben, vereinzelt Busch- und Baumgruppen, kleine Dörfer. Friedrich der Große begann mit der Trockenlegung des Bruchs, das zum Gemüsegarten Berlins wurde. Ist das Oderbruch durchradelt oder durchwandert, wird bei Bad Freienwalde der Barnim erreicht, mit dem Kloster Chorin und dem großen Waldgebiet namens Schorfheide nördlich davon, jenseits des Oder-Havel-Kanals. Wer mehr das Wasser liebt, kleine Gewässer, stille Kanäle, der sollte das Seengebiet zwischen Oder und Spree wählen, das sich südwestlich von Frankfurt/Oder erstreckt, der bedeutendsten Grenzstadt der Europäischen Gemeinschaft in Richtung Osten.

In der märchenhaften Gegend von Buckow kann man noch seine Seele »baumeln« lassen

BAD FREIENWALDE

Vom Aussichtsturm auf dem Galgenberg, der alten Gerichtsstätte von Bad Freienwalde, bietet sich ein weiter Rundblick auf die Stadt und die Umgebung. Dieses Bild vor Augen läßt die Worte Theodor Fontanes verstehen, der begeistert notierte: *»Freienwalde – hübsches Wort für hübschen Ort.«* Die Stadt (11 000 Ew.) am Rande des Oderbruchs und des Barnims ist ein Kurbad und ein gern besuchter Ausflugsort. (H 4–5)

BESICHTIGUNGEN

Haus der Naturpflege
Ein blühendes Paradies: 1400 Pflanzenarten wachsen in dem ökologischen Schau- und Lehrgarten. *Mai–Sept. tgl. 8–18 Uhr, Dr.-Max-Kienitz-Weg 1*

MARCO POLO TIPS FÜR DEN OSTEN

1 **Kloster Chorin**
Juwel der norddeutschen Backsteingotik (Seite 45)

2 **Schiffshebewerk Niederfinow**
Ein Fahrstuhl hebt und senkt Schiffe in fünf Minuten (Seite 45)

3 **Schorfheide**
Deutschlands zweitgrößtes Schutzgebiet mit dem Werbellinsee als Attraktion (Seite 46)

4 **Klosterkirche Neuzelle**
Prunk ohnegleichen: die Perle des märkischen Barock (Seite 48)

5 **Neuhardenberg**
Schinkel-Bauten und ein Lenné-Pückler-Park im größten Oderbruchdorf (Seite 50)

6 **Frankfurter Gertraudkirche**
Gotische Kunstwerke von europäischem Rang (Seite 51)

Schloßpark
Peter Joseph Lenné gab dem Park um 1816 sein heutiges Aussehen. In ihm stehen das als Witwensitz für Königin Friederike Luise von Preußen errichtete schlichte Schloß (1798/99) und das bezaubernde Teehäuschen (1795). Auch der Kurpark im Brunnental mit dem Kurhaus (1875) wurde von Lenné gestaltet.

Walter-Rathenau-Gedenkausstellung
Interessantes über das Wirken des berühmten deutschen Außenministers und die Geschichte des Freienwalder Schlosses. Rathenau (1867–1922) erwarb das Schloß 1909 und bewohnte es bis zu seinem gewaltsamen Tod. *Mi bis Fr 9–12, 14–17 Uhr, Sa, So 13–17 Uhr, Schloß Freienwalde*

MUSEUM

Oderlandmuseum
Hier gibt es die ausführlichsten Informationen zur Geschichte des Oderbruchs. *Di–Fr 9–12, 14–17 Uhr, März bis Okt. auch So 10–12, 13.30 bis 16.30 Uhr, Uchtenhagenstraße 2*

RESTAURANT/CAFÉ

Schloßcafé
Eine gute Adresse zum Speisen und Kaffeetrinken. *Schloßpark, Kategorie 2*

ÜBERNACHTUNG

Jugendherberge
In einem Mischwald gelegen. *57 Betten, Hammerthal 3, Tel. 0 33 44/38 75, Kategorie 3*

Zum Löwen
Modernisiertes Haus im Zentrum der Stadt. 16 Zi., *Hauptstraße 41, Tel. 0 33 44/52 15, Fax 47 11 12, Kategorie 2*

AUSKUNFT

Oberbarnim-Information
Karl-Marx-Straße 25, 16259 Bad Freienwalde, Tel./Fax 0 33 44/ 34 02

ZIELE IN DER UMGEBUNG

Altranft

Sieben alte Häuser des Oderbruchdorfes, darunter die alte Schmiede, wurden Museum. Wer das Freilichtmuseum besuchen möchte, muß zum Schloß (16. Jh./20 Jh.) gehen, denn dort befindet sich die Kasse. *April bis Okt. Di–Fr 9–17 Uhr, Sa, So 11 bis 17 Uhr,* (H 5)

Bernau

Endstation der Berliner S-Bahnlinie 8. Das Zentrum Bernaus (20 000 Ew.) wird von der 1496 m langen Stadtmauer fast vollständig umschlossen. Im Steintor zeigt das Heimatmuseum eine Waffensammlung. *Mai bis Okt. Di bis Fr 9–12, 14–17 Uhr, Sa, So 10–13, 14–17 Uhr, Berliner Straße.* Bernaus Umgebung bietet viel Wald und zahlreiche Seen, so im Norden den Obersee bei Lanke und im Nordwesten den Liepnitzsee mit der Insel Großer Werder, die schwimmend oder mit einer kleinen Fähre zu erreichen ist. (G 5)

Eberswalde

Die gotische Stadtkirche St. Maria Magdalena (13. Jh.) gehört zu den bedeutenden Backsteinbauten der Mark. Ihr gegenüber, im alten Schulgebäude von 1830, befindet sich das Stadt- und Kreismuseum. *Di bis Fr 8–12, 14–17 Uhr, So 14–17 Uhr, Kirchstraße 8.* Im Forstbotanischen Garten, bereits 1870 angelegt, wachsen auf 28 ha über 1000 verschiedene Gehölze. *Mai bis Okt. 9–16 Uhr, Sa, So, Feiertag 9–18 Uhr, Am Schwappachweg (in Richtung Spechthausen).* In Eberswalde (53 000 Ew.) wurde im Zweiten Weltkrieg ein Großteil der historischen Bauten zerstört. (G 4)

Kloster Chorin

★ Herausragendes Bauwerk (13. Jh.) norddeutscher Backsteingotik. *Besichtigung April bis Okt. 9 bis 18 Uhr, Nov. bis März bis 16 Uhr.* Großer Beliebtheit erfreuen sich die Konzerte in der Ruine des Zisterzienserklosters von Ende Mai bis Aug. (G 4)

Oderberg

Am Ufer des Oder-Havel-Kanals ging der Seitenraddampfer »Riesa« für immer vor Anker. Er gehört zum Binnenschiffahrtsmuseum, das fast 150 Schiffsmodelle zeigt. *Di bis So 9–16 Uhr, Hermann-Seidel-Straße 44* (H 4)

Schiffshebewerk Niederfinow

★ Ein Fahrstuhl für Schiffe! Das technische Wunder der Verkehrsgeschichte hebt oder senkt

Ein Fahrstuhl für Schiffe ist das Schiffshebewerk in Niederfinow

Schiffe in nur 5 Min. Jährlich beobachten rund 400 000 Besucher das imposante Schauspiel, den 800-Tonnen-Aufzug nehmen pro Jahr mehr als 10 000 Schiffe in Anspruch. Bis 1934 hatten die Schiffe das 36 m hohe Gefälle im Oder-Havel-Kanal durch zeitraubende Schleusenpassagen zu überwinden. *Besichtigung tgl. 9 bis 17 Uhr.* (H 4)

Schorfheide

★ Das größte zusammenhängende Waldgebiet der Mark Brandenburg gehört zum Biosphärenreservat Schorfheide-Chorin, mit 1258 qkm Deutschlands zweitgrößtes Schutzgebiet. In ihm gibt es 230 über 1 ha große Seen, darunter als Juwel den 13 km langen Werbellinsee, von Theodor Fontane als »Märchenplatz« bezeichnet. Beliebte Ferienorte am Werbellinsee sind Altenhof und Joachimsthal mit einer hübschen, nach Plänen Karl Friedrich Schinkels erbauten Kirche. Westlich des Werbellinsees ließ sich Preußenkönig Friedrich Wilhelm IV. zum Schutz vor Wind und Wetter das Jagdschloß Hubertusstock (1847–49) im bayerischen Landhausstil errichten. Hier erholten sich Deutschlands Kaiser, Reichspräsident Hindenburg, dinierten die Diktatoren Hitler und Mussolini, traf Erich Honecker mit Helmut Schmidt und Franz Joseph Strauß zusammen. 1990 wurde das ehemalige Gästehaus der DDR-Regierung Hotel und Restaurant. 26 Zi., *Tel. 03 33 63/ 5 00, Fax 5 02 55, Kategorie 1 (auch Zimmer mit Etagen-Dusche und -WC in der Kategorie 3)* (F–G 4)

Die Schorfheide gehört zu den größten Naturschutzgebieten in Deutschland

BEESKOW

In Beeskow (10 000 Ew.) teilt sich die Spree in zwei Arme. Auf der dadurch entstandenen Insel liegen der Fischerkietz, eine alte slawische Siedlung, und die Wasserburg. Das Stadtbild prägen zahlreiche zweigeschossige Fachwerkhäuser. Anreisende grüßen bereits aus der Ferne die Ruine der Marienkirche und das »Dicker Turm« genannte zinnenbekrönte Luckauer Tor. Sind die wenigen historischen Sehenswürdigkeiten abgelaufen, zieht es viele Gäste hinaus in das Beeskower Land mit etwa 70 Seen, viel Wald und Wiesen. (H 8–9)

BESICHTIGUNG

Altstadtkern
Die wuchtige Marienkirche aus dem 15. Jh. brannte 1945 bis auf die Umfassungsmauern nieder, der Wiederaufbau hat begonnen. Die Burg bekam ihr heutiges Aussehen im wesentlichen im 16. Jh., von der Stadtmauer blieben große Teile sowie sechs Türme erhalten.

MUSEUM

Regionalmuseum
Ur- und Frühgeschichte, Galerie mit wechselnden Kunstausstellungen. *Okt. bis April Di bis Fr 10–16 Uhr, Sa, So 13–16 Uhr, Mai bis Sept. Di bis Fr 9–17 Uhr, Sa, So 13–16 Uhr, Frankfurter Straße 22*

RESTAURANT

Spreebrücke
Frischer Fisch in vielen Variationen. Direkt an der Spree. *Di geschl., Uferstraße 18, Kategorie 3*

ÜBERNACHTUNG

Märkisches Gutshaus
Ein für die Mark typisches Gutshaus am Rande der Stadt wurde Hotel. 29 Zi., *Frankfurter Chaussee 49, Tel. 0 33 66/2 00 53, Fax 2 00 55, Kategorie 1, 2*

Zum Schwan
Das älteste Gasthaus der Stadt (am Marktplatz) bietet nach umfassender Modernisierung guten Standard in Hotelbereich und Restaurant. 24 Zi., *Berliner Straße 31, Tel. 0 33 66/2 03 98, Fax 2 34 34, Kategorie 2*

AM ABEND

Eine Top-Adresse ist das Kultur- und Bildungszentrum in der Burg (mit dem letzten DDR-Kulturminister als »Burgherrn«): Konzerte, Literaturlesungen, Talk zu Zweit (mit Promis aus Politik und Kultur).

AUSKUNFT

Märkische-Tourismus-Zentrale e. V.
Bahnhofstraße 34, 15848 Beeskow, Tel./Fax. 0 33 66/2 29 49

ZIELE IN DER UMGEBUNG

Eisenhüttenstadt
Stalinstadt hießen die Wohnsiedlungen, die ab 1950 für die Arbeitnehmer des neuen »Eisenhüttenkombinats Ost« entstanden. Als der sowjetische Herrscher in Ungnade gefallen war, erfolgte die Umbenennung in Eisenhüttenstadt. Die auf dem Reißbrett konzipierte »erste sozialistische Stadt der DDR« (50 000 Ew.) mit großzügigen

Park- und Freiflächen ist auf ihre Art sehenswert. (I 8–9)

Neuzelle

★ Die prunkvolle Klosterkirche St. Marien ist die Perle des märkischen Barock (1730–40). Prächtige Deckengemälde, Stuckdekorationen, Holzschnitzereien und Altäre schmücken sie. *Besichtigung Mo, Di, Do 11–11.30 Uhr, 15–15.30 Uhr, Führungen Mi, Fr, Sa, So 11, 14.30 Uhr.* Südlich der Klosteranlage steht die barocke Kirche zum hl. Kreuz (1728–30). *Besichtigung Mi, Fr, Sa, So 10.30, 13.30 Uhr.* Seit 1416 wird in Neuzelle nachweislich Bier gebraut, besonders begehrt ist das in der Klosterbrauerei hergestellte Schwarzbier. Auf der »Grünen Woche« in Berlin wurde es 1993 als »Bestes Brandenburger Bier« ausgezeichnet; angeboten wird es auch in der Gaststätte Kloster-Klause. *Brauhausplatz 4, Kategorie 2* (I 9)

Rauensche Berge

Hier liegen die größten Findlinge, die die Gletscher der Eiszeit in der märkischen Landschaft hinterlassen haben. Einer der Kolosse, beide Markgrafensteine genannt, hat den Umfang von 22 m und ragt 3,70 m aus der Erde, vom anderen ist nur noch ein Rest vorhanden. Aus seinem 1827 abgesprengten Teil wurde die Granitschale gemeißelt, die vor dem Alten Museum in Berlin steht. *2 km südlich von Rauen, Schilder weisen den Weg.* (G 8)

Scharmützelsee

Mit 13,8 qkm Wasserfläche der größte See in der Mark, von Fontane als »märkisches Meer« bezeichnet. Schiffsrundfahrten dauern 2 Std. Wendisch-Rietz am Südufer und das sich am Nordufer erstreckende Bad Saarow sind die hier bekanntesten Ferienorte. Direkt am Seeufer: Landhaus Alte Eichen, Restaurant mit gutbürgerlicher Küche, 24 Zi., *Alte Eichen 21, Tel. 03 36 31/41 14, Fax 20 58, Restaurant Kategorie 1, Hotel Kategorie 2* (G 8)

Schlaubetal

Ein Naturparadies mit tiefen Schluchten, saftigen Wiesen, dichten Wäldern. Das schönste Bachtal Ostbrandenburgs hat eine Länge von 20 km. Als Ausflugsziel beliebt: die Gaststätte Bremsdorfer Mühle in Bremsdorf (wenige Meter von der B 246) mit wohlschmeckenden Forellen aus der benachbarten Fischzuchtanlage. *Mi geschl., Kategorie 3.* Reizvoll ist auch das westlich der Schlaube gelegene Oelsetal. (H 8)

BUCKOW

»Buckower Buckelgebirge« sagen die einen spöttisch, die anderen schmeichelnd »Mini-Alpen«. Denn der Kontrast zwischen steilen Hügeln und tiefen Tälern ist typisch für diese Region. *»Buckow hat«,* so steht es bei Fontane, *»einen guten Klang hierlands... und bei bloßer Nennung des Namens steigen freundliche Landschaftsbilder auf.«* Fontane meinte allerdings weniger den Ort (2400 Ew.) am Schermützelsee als die Gegend, auf die sich von der Bollersdorfer Höhe aus ein prachtvoller Blick bietet.

Die Anreise per Bahn von Berlin gestaltet sich neuerdings geradezu ideal: Nur 55 Min. von Berlin-Lichtenberg. (H 6)

MUSEUM

Brecht-Weigel-Haus
Ferienhaus des weltberühmten Dramatikers Bertolt Brecht (1898–1956) und dessen Frau, der Schauspielerin Helene Weigel (1900–1971). *April–Okt. Di bis Do, Sa, So 13–17 Uhr, Nov. bis März Di, Do, Fr 10–12, 13 bis 16 Uhr, Bertolt-Brecht-Straße 29*

RESTAURANT/CAFÉ

Fischerkehle
Fisch- und Wildgerichte, dazu ein herrlicher Panoramablick auf den Schermützelsee. *Nov. geschl., Dez. bis April Mi, Do geschl., Fischerberg 7, Kategorie 2*

Strandcafé
Gegenüber der Dampferanlegestelle und des Strandbades. Auch vegetarische Gerichte. *Mo geschl., Wriezener Straße 28, Kategorie 3*

ÜBERNACHTUNG

Bergschlößchen
Schöne Aussicht, ruhige Lage; Sauna, Whirlpool. 14 Zi., *Königstraße 38, Tel. 03 34 33/5 73 12, Fax 5 74 12, Kategorie 2*

Haus Wilhelmshöhe
An einem Hang mit Blick auf den Griepensee. Sauna, Solarium, Whirlpool, Liegewiese; behindertengerecht. 51 Zi., *Lindenstraße 10/11, Tel. 03 34 33/2 46, Fax 4 31, Kategorie 2*

Jugendherberge
Am Stadtrand in der Nähe des Weißen Sees. *98 Betten, 9 Familienzimmer, Berliner Straße 36, Tel. 03 34 33/2 86, Kategorie 3*

SPIEL UND SPORT

Strandbad mit Ruderbootverleih am Schermützelsee, um den ein 7,5 km langer Wanderweg führt. Schiffsrundfahrten über den See beginnen am Strandbad, Mai bis Okt. 10–17 Uhr jede Stunde.

AM ABEND

In der Dorfkirche von Mai bis Sept. 14tägig Sa 20 Uhr »Geistliche Abendmusiken«, im Buckower Stadtpark von Mai bis Sept. jeden 1. Sa 16 Uhr (bei schlechtem Wetter im »Parktheater«) die Open-air-Konzerte »Klassik im Grünen«.

AUSKUNFT

Umwelt- und Fremdenverkehrsamt Märkische Schweiz
Wriezener Straße 1 a, 15377 Buckow, Tel. 03 34 33/5 75 00, 6 59 81, Fax 6 59 20

ZIELE IN DER UMGEBUNG

Erkner

1885 zog Gerhart Hauptmann (1862–1946) in das Gründerzeit-Landhaus, vier Jahre wohnte und arbeitete er darin. *Di bis So 11 bis 17 Uhr, Gerhart-Hauptmann-Straße 1–2* (G 6)

Gusow

Im Schloß (17./19. Jh.), einst Herrensitz des Generalfeldmarschalls beim Großen Kurfürsten, Georg von Derfflinger (1606–1695), befindet sich ein Zinnfigurenmuseum. Etwa 60 Dioramen sind zu sehen, darunter Zisterziensermönche bei der Landkultivierung und die Völkerschlacht 1813 bei Leipzig mit allein 2500 Figuren. *Di bis So 10–18 Uhr, Schloßstraße* 7 (I 5)

Kunersdorf

In dem Oderbruchdorf schrieb Adalbert von Chamisso (1781 bis 1838) seine berühmte Novelle »Peter Schlemihls wundersame Geschichte« (1814). Er war Gast der kunstsinnigen Familie von Itzenplitz. Deren Schloß wurde 1945 zerstört, stehen blieb die sehenswerte Säulenkolonnade des Familiengrabs hinter der Kirche an der B 167. Theodor Fontane widmete Kunersdorf im Band »Oderland« seiner »Wanderungen durch die Mark Brandenburg« ein Kapitel. (H 5)

Mögelin

Auf seinem Mustergut gründete Albrecht Daniel Thaer (1752 bis 1828) die erste deutsche landwirtschaftliche Akademie. Im sog. Professorenhaus (19. Jh.) wurde eine Gedenkstätte für den Begründer der systematischen Landwirtschaftswissenschaft eingerichtet. *Mai bis Sept. Di bis So 10–17 Uhr, Okt. bis April Mo bis Fr 9–15 Uhr.* Begraben liegt Thaer im Park des Dorfes. (H 5)

Naturpark Märkische Schweiz

See- und Fischadler, Kraniche, Schwarzstörche sowie Fischotter leben noch in dem 205 qkm großen Schutzgebiet mit dem Städtchen Buckow als Zentrum. Die markierten Wanderwege haben eine Länge von 145 km. Das Altfriedländer Teichgebiet im Nordosten nutzen im Herbst bis zu 7000 nordische Gänse als Rastplatz. Aus Feldsteinen errichtete Häuser sind typisch für die im Naturpark liegenden 24 Ortschaften. (H 5–6)

Neuhardenberg

★ »Perle des Oderbruchs« wird das Dorf an der B 167 gern genannt. Attraktionen des Orts sind der von Lenné und Fürst von Pückler-Muskau mitgestaltete Landschaftspark sowie die Schinkel-Bauten Schloß und Kirche. *Schloßbesichtigung Sa, So, Feiertag 11–17 Uhr.* Kein Ort in Brandenburg wurde so oft umbenannt wie das größte Oderbruchdorf: bis 1815 hieß es Quilitz, bis 1949 Neu Hardenberg, bis 1990 Marxwalde und seitdem wieder Neuhardenberg. (H 5)

Rüdersdorf

Seit Jahrhunderten wird in Rüdersdorf Kalkstein abgebaut. Zahlreiche der historischen Industriebauten gehören zum Museumspark Baustoffindustrie. Durch Teile des Tagebaus mit mehr als 20 Denkmalen aus der Produktionsgeschichte finden täglich jeweils zwei Führungen statt. *April bis Okt. Sa, So, Feiertage 10 Uhr (Dauer 3 Std.) und 11 Uhr (Dauer 2 Std.), Heinitzstraße 11,* (G 6)

Seelow

In den Morgenstunden des 16. April 1945 begann an der Oder eine der letzten Schlachten des Zweiten Weltkrieges, 33 000 sowjetische und 12 000 deutsche Soldaten fanden dabei den Tod. Auf den Seelower Höhen, wo die härtesten Kämpfe tobten, entstand eine museale Gedenkstätte. *Di bis So 9–16.30 Uhr, Küstriner Straße 28 a* (I 6)

FRANKFURT/ODER

Frankfurt (85 000 Ew.) ist die wichtigste Grenzstadt im Osten der Bundesrepublik. Drei Brücken (Eisenbahn-, Autobahn- und Stadtbrücke) führen über die Oder ins benachbarte Polen. Über die Stadtbrücke ist in wenigen Minuten zu Fuß die polnische Nachbarstadt Slubice erreicht, bis 1945 ein Vorort von Frankfurt. Die Stadt, deren Zentrum Ende April 1945 fast völlig zerstört wurde, besitzt mit dem von Peter Joseph Lenné gestalteten Bürgerpark und weiteren Parkanlagen besonders viel Grün. Von 1506 bis 1811 war Frankfurt Universitätsstadt; diese Tradition setzt die 1991 gegründete Europa-Universität Viadrina fort. Stadtgeschichte »erzählen« die 22 Kunstwerke in der Großen Scharrnstraße. (H 8)

BESICHTIGUNGEN

Gertraudkirche

★ Einmalige Zeugnisse gotischer Kunst werden in dem neugotischen Backsteinbau (1878) aufbewahrt: ein siebenflammiger fast 5 m hoher vergoldeter Bronzeleuchter (um 1375) und eine 4,70 m hohe Taufe (1376) mit der Darstellung von 44 Geschichten des Alten und Neuen Testaments. Sie gehören zu den erhaltenen Kunstwerken von europäischer Bedeutung, die aus der kriegszerstörten Marienkirche gerettet werden konnten. *Mo bis Fr 10–12 Uhr, Di, Do auch 14–16 Uhr, Gertraudenplatz 6*

Marienkirche

Größte Hallenkirche der norddeutschen Backsteingotik. Der 1945 bis auf die Umfassungsmauern niedergebrannte Bau (13 bis 16. Jh.) wird seit Jahren restauriert, vorgesehen ist eine museale Nutzung. *Mo, Do, Fr 14–17 Uhr, Sa, So 10–17 Uhr, Bischofstraße*

Rathaus

Der frühere Reichtum der einstigen Hansestadt wird an diesem Bauwerk (14./17./20. Jh.) deutlich. Prunkvoll sind die Giebel der Süd- und der Nordfassade. *Bischofstraße*

MUSEEN

Galerie Junge Kunst

Mit über 12 000 Gemälden, Grafiken und Plastiken eine der umfangreichsten Kunstsammlungen der ehemaligen DDR und der neuen Bundesländer. *Di bis Sa 10–18 Uhr, So, Feiertage 11–17 Uhr, Rathaus und Heilbronner Straße 19*

Kleist-Gedenk- und Forschungsstätte

In einem besonders schönen Gebäude, der ehemaligen Garnisonschule (1778), wird Leben und Werk des in Frankfurt geborenen Autors (1777–1811) von »Der zerbrochene Krug« und »Michael Kohlhaas« vorgestellt. *Di 10–18 Uhr, Mi bis So 10–17 Uhr, Faberstraße 7*

Museum Viadrina
Wechselnde Ausstellungen im Junkerhaus. *Di bis So 10–17 Uhr, Carl-Philipp-Emanuel-Bach-Straße 11;* Austellung von 100 historischen Musikinstrumenten. *Di, Do 14.30–17 Uhr, Vorführungen Mi, Sa 15 Uhr, Collegienstraße (neben der Konzerthalle)*

RESTAURANTS/CAFÉ

Am Kleistpark
Geschmackvolles Restaurant und Café; die Spezialität des Hauses: »Essen vom heißen Stein«. *Kleiststraße 7, Kategorie 2*

Frankfurter Kranz
Beliebter Treff der Frankfurter zum Plaudern und Essen. *Große Scharrnstraße 23 a, Kategorie 3*

Steak-House Holzfäller
Steaks von 180 bis 400 g. *Karl-Marx-Straße 16, Kategorie 1*

EINKAUFEN

Im Fußgängerboulevard der Großen Scharrnstraße gibt es viele kleine Geschäfte. Liebhaber alter Sachen sollten in die Antiquitätengalerie, *Große Scharrnstraße 27,* gehen. Wer zeitgenössische Kunst sucht: Galerie B, *Lindenstraße 4* (im Haus der Künste, dem ehemaligen Heilig-Geist-Hospital) und Galerie Gallus, *Rosa-Luxemburg-Straße 43 a.* Zahlreiche Geschäfte befinden sich im Oderturm (1971–73), dem markantesten Bauwerk in der City.

ÜBERNACHTUNG

Ferienanlage Helene-See
120 Ferienhäuser unterschiedlicher Größe und Ausstattung; behindertengerecht. *Am Helene-See (8 km nördlich von Frankfurt/Oder). Tel. 03 35/5 21 22 01, Fax 54 71 02, Kategorie 3*

Kongreßhotel Frankfurter Hof
Noch einfachstes DDR-Ambiente, aber hohe Preise! Da in Frankfurt Hotelzimmer fehlen, bleibt oft nichts anderes übrig, als hier zu buchen. 150 Zi., *Logenstraße 2, Tel. 03 35/5 53 60, Fax 5 53 65 87, Kategorie 1*

Zur alten Oder
Kleines, modernisiertes Familienhotel. 25 Zi., *Fischerstraße 32 (am Stadion), Tel. 03 35/55 62 20, Fax 32 44 39, Kategorie 2*

SPIEL UND SPORT

Ein Bade-, Ruder-, Segel- und Surfparadies ist der 2,5 qkm große und bis zu 67 m tiefe Helene-See mit seiner sehr guten Wasserqualität. Am 1,8 km langen Sandstrand, gibt es auch FKK-Bereiche. Zahlreiche gastronomische Einrichtungen. *Mai bis Sept. 7–20 Uhr, Juli, Aug. bis 22 Uhr, Okt. bis April bis 18 Uhr*

CAMPING

Camping Helene-See
Kieferngelände am See, Mittagsruhe 13–15 Uhr, ganzjährig geöffnet, *Tel. 0 33 35/5 21 22 02, Fax 54 71 02*

Die Galerie Junge Kunst in Frankfurt/Oder

AM ABEND

Die ehemalige Klosterkirche (13. bis 16. Jh.) wird heute als Konzerthalle genutzt. Benannt ist sie nach Carl Philipp Emanuel Bach. Das Programm reicht von Kammer- und Orgel- bis zu Sinfoniekonzerten. *Collegienstraße 8.* Das Kleist-Theater, ein Mehrspartentheater, führt fast immer auch ein Stück von Kleist auf. *Gerhart-Hauptmann-Straße 3–4.* In der Gertraudkirche von Mai bis Sept. Di 20 Uhr Konzerte auf der Sauer-Orgel von 1879. Das Kabarett »Die Oderhähne« spielt in einem 500 Jahre alten Kellergewölbe. *Forststraße 2.* Diskotreff: Bananas, *Fr, Sa und vor jedem Feiertag ab 21 Uhr, Paul-Feldner-Straße 12.*

AUSKUNFT

Tourist-Information
Karl-Marx-Straße 8 a,
15230 Frankfurt/Oder,
Tel. 03 35/2 25 65, Fax 32 52 16

ZIEL IN DER UMGEBUNG

Fürstenwalde
Wer sich für die Entstehung der märkischen Seen, Flüsse, Hügel und Gesteine interessiert, ist im Museum von Fürstenwalde genau (32 000 Ew.) richtig – kein anderes in der Mark informiert darüber so ausführlich. *Di bis Fr 9–12, 13–16 Uhr, Sa 13–17 Uhr, So 9–12, 13–16 Uhr, Domstraße 1* Sehenswert in der Stadt sind noch der Dom (15. Jh.) und das spätgotische Rathaus. (H 6)

Auf Kanälen durch den Spreewald

Geschichte zum Anfassen im Elbe-Elster-Land, der Niederlausitz mit dem Spreewald und dem Dahme-Seengebiet

Im Spreewald, einer in Europa einzigartigen Flußlandschaft, ist der Kahn als Transportmittel unentbehrlich. Auf den Wasserwegen, Fließe genannt, sind die Spreewaldbewohner meist schneller bei Verwandten oder Bekannten als zu Fuß oder mit dem Fahrrad auf dem Land. Die Touristen kommen seit jeher in Scharen in den oberen und bekannteren Teil des Naturparadieses. Der Unterspreewald dagegen, mit einer vielgestaltigeren Tier- und Pflanzenwelt, ist verhältnismäßig wenig besucht, so, wie die Kiefernwälder der südlichen Niederlausitz. Beschauliche Atmosphäre bieten Kleinstädte wie Mittenwalde, Teupitz, Dahme, Calau und andere. Geschichte »zum Anfassen«: Schlanke Stadttortürme, wuchtige Backsteinkirchen, dazu Storchennester auf den Dächern und der Geruch von Pferden. Kunst und Kultur breitgefächert bietet Cottbus, wo sich Fürst Hermann von Pückler-Muskau mit zwei Pyramiden und einem zauberhaften Park ein bleibendes eindrucksvolles Denkmal gesetzt hat. Wer der Hektik Berlins in Richtung Süden entfliehen möchte, fährt mit der S-Bahn bis Königs Wusterhausen und läßt sich von dort mit dem Bus zu einem der zahlreichen Seen oder Kanäle bringen. Oder man vergnügt sich bei sommerlichen Temperaturen an der Dahme, einem Fluß, der sich durch zahlreiche Seen, Wälder und Wiesen schlängelt und in Berlin-Köpenick in die Spree mündet. (Ausführliche Informationen über den Spreewald im Marco Polo Band »Spreewald/Lausitz«.)

Nostalgische Kahnfahrt auf einem Spreewaldkanal

COTTBUS

Die zweitgrößte Stadt (130 000 Ew.) Brandenburgs erstreckt sich beiderseits der Spree. Das heutige Dienstleistungs- und Verwaltungszentrum von Südbrandenburg wurde zu DDR-Zeiten von der Kohle- und Energiewirtschaft sowie der traditionsreichen Lausitzer Textilindustrie geprägt. Die zahlreichen Parks und Gärten von Cottbus, so der Carl-Blechen-Park, der Goethepark und der berühmte Branitzer Park, bieten beste Voraussetzungen für die Bundesgartenschau 1995. Die Stadt ist idealer Ausgangspunkt für Reisen in den Spreewald, das Neißetal und die südliche Niederlausitz. Vor einer Reise sollte Zuhause der Zungenbrecher geübt werden, den die Cottbuser gern ihre Gäste probieren lassen: »Der Cottbuser Postkutscher putzt den Cottbuser Postkutschenkasten.« (H 10–11)

BESICHTIGUNGEN

Altmarkt
Den Platz säumen schöne Giebel- und Traufenhäuser mit barocken und klassizistischen Fassaden. Die Nr. 24 ist das älteste Haus: In ihm wurde 1568 die Löwenapotheke eröffnet.

Park Branitz
★ Ein vollendetes Meisterwerk der Gartenkunst! Die von Hermann Fürst von Pückler-Muskau geschaffene Anlage gehört zum Bedeutendsten, was das 19. Jahrhundert auf dem Gebiet der Landschaftsgärten hervorgebracht hat. Die auf einen flachen Hügel gesetzte Landpyramide bekam auf der Plattform ein schönes gußeisernes Gitter mit der Inschrift »Gräber sind die Bergspitzen einer fernen neuen Welt«. Ein in die im Wasser stehende Pyramide getriebener Stollen birgt das Herz Pücklers sowie den Leichnam seiner Gemahlin.

Spreewehrmühle
Die einzige im Osten Deutschlands gelegene Flußmühle mit einem unterschlächtig angetriebenen Wasserrad. Von Mai bis Sept. auch mit dem Boot ab Kahnvermietsstelle Sandower Brücke zu erreichen. *Mai bis Mitte Okt. Mi, Fr 10-18 Uhr, Sa, So 14-18 Uhr, Am großen Spreewehr 2*

Staatstheater Cottbus
Ein Prunkstück an Architektur, Kunsthandwerk, Malerei und Plastik im späten Jugendstil. 1908 öffnete sich zum ersten Mal der Vorhang. *Schillerplatz 1*

Tierpark
1200 Tiere in 160 Arten werden hier präsentiert. Die Wasservogelzucht ist international

MARCO POLO TIPS FÜR DEN SÜDEN

1 Park Branitz
Ein von Hermann Fürst von Pückler-Muskau geschaffener einmaliger Landschaftsgarten (Seite 56)

2 Lehde
Im Vergleich mit Venedig von Theodor Fontane als »Lagunenstadt im Taschenformat« bezeichnet (Seite 68)

3 Wotschofska
Über 17 Brücken führt der Wanderweg zur beliebten Spreewaldgaststätte im Schweizerhaus-Stil (Seite 69)

4 Senftenberger See
»Ostsee der Niederlausitz« wird der Badesee mit seinem herrlichen Sandstrand genannt (Seite 70)

Letzte Ruhestätte Fürst Pücklers: Pyramide auf dem See des Branitzer Parks

bekannt. *Tgl. 8-17.30 Uhr, Kiekebuscher Straße 5*

MUSEEN

Apothekenmuseum

Das einzige seiner Art im Land Brandenburg. Neben der Offizin sind Arzneikeller, Kräuterkammer und mittelalterliches Labor sehenswert. *Führungen Di bis Fr 11, 14 Uhr, Sa, So, Feiertage 14, 15 Uhr, Altmarkt 24*

Brandenburgische Kunstsammlungen

Zeitgenössische Kunst, Fotografie und Plakate; interessantes Veranstaltungsprogramm. *Di bis So 10–18 Uhr, Spremberger Straße 1*

Fürst-Pückler-Museum

Vieles im Schloß Branitz erinnert an den früheren berühmten Hausherrn, so die Zimmerwände im Obergeschoß, die in kräftigen Farben islamische Motive zeigen. Pückler ließ die Malereien nach seiner Orientreise anbringen. Gewürdigt wird auch der in Cottbus geborene Landschaftsmaler Carl Blechen. *Di bis So 10–12, 12.30–18 Uhr, Nov. bis März bis 17 Uhr, Park Branitz*

Museum für Natur und Umwelt

Die Tier- und Pflanzenwelt Südostbrandenburgs sowie die Probleme des Natur- und Umweltschutzes sind Themen der Ausstellung. *Di bis Do 8.30–17 Uhr, Fr 8.30-12.30 Uhr, Sa 14–18 Uhr, So 10–17 Uhr, Bahnhofstraße 5*

Wendisches Museum

Zeugnisse der Lebensweise, Kunst- und Kulturgeschichte der Niederlausitzer Sorben. *Di bis Fr 8.30–17 Uhr, Sa, So 14–18 Uhr, Mühlenstraße 12*

RESTAURANTS/CAFÉS

Café Altmarkt

Möchten Sie im 400 Jahre alten Kellergewölbe sitzen, sollten Sie reservieren lassen. *Altmarkt 10, Tel. 03 55/3 10 36, Kategorie 3*

Conditorei-Café Lauterbach

Der hausgemachte Baumkuchen steht in gutem Ruf, es gibt aber auch »handfestes« Mittag- und Abendessen. *So nur bis 18 Uhr, Spremberger Straße 8, Kategorie 2*

Molle

Rund 40 verschiedene Sorten Bier. *Stadtpromenade 10, Kategorie 2*

Pflaumenbaum

Laut Eigenwerbung »das total unmögliche Gasthaus«, Szene-Treff. *Bis 4 Uhr morgens. Schloßkirchplatz 1, Kategorie 3*

EINKAUFEN

Einkaufsboulevard ist die Spremberger Straße, von den Einheimischen kurz »Sprem« genannt. Im Lausitzer Hof am *Berliner Platz* reicht das Angebot von internationaler Designermode über Kunstgewerbe bis zu einem Schlemmermarkt. Lausitzer Blaudruck stellt her und verkauft Evelin G.C. Müller, *Burgstraße 19.* Kunstfreunde werden vielleicht fündig in der Kunsthandlung, *Am Altmarkt 29.*

ÜBERBNACHTUNG

Branitz

Am Stadtrand, in der Bezirksparteischule, büffelten die SED-Genossen bis 1989 die Lehren von Marx und Lenin. Die einem Sanatorium ähnelnde Anlage firmiert heute als Hotel Branitz, in dem oft noch Zimmer zu haben sind. 205 Zi., *Heinrich-Zille-Straße, Tel. 03 55/51 00, Fax 71 31 72, Kategorie 1*

Giro

Klein und fein, in der Nähe des Bahnhofs. 17 Zi., *Rudolf-Breitscheid-Straße 10, Tel. 03 55/3 10 71, Fax 3 10 07, Kategorie 2*

Holiday Inn

Ein Haus mit Niveau, eingebunden in den im Frühjahr 1995 eröffneten Komplex Lausitzer Hof im Zentrum. 190 Zi., *Voreröffnungsbüro: Tel. 03 55/2 39 35, Fax 2 43 80, Kategorie 1*

Jugendherberge

Ruhige Lage im Zentrum. *43 Betten, 4 Familienzimmer, Klosterplatz 2-3, Tel. 03 55/2 25 58, Kategorie 3*

Waldhotel

Neubau im Norden der Stadt. 51 Zi., *Drachhausener Straße 70, Tel. 03 55/8 76 40, Fax 8 76 41 00, Kategorie 2*

AM ABEND

Das Staatstheater Cottbus ist ein Mehrspartentheater: Großes Haus, *Schillerplatz 1;* Kammerbühne, *Wilhelm-Külz-Straße 11.* Die Stadthalle Cottbus kann sich rühmen, größtes Veranstaltungszentrum des Landes zu sein: der Große Saal bietet bis zu 2700 Besuchern Platz. *Berliner Straße.* Jeden Mi 18 Uhr für 30 Min. Orgelmusik in der Schloßkirche, *Spremberger Straße.* Jazz und Rock live sowie Disko im Glad-House, *Straße der Jugend 19.*

AUSKUNFT

Cottbus-Information
Berliner Straße 1, 03046 Cottbus, Tel. 03 55/2 42 54, Fax 79 19 31

ZIELE IN DER UMGEBUNG

Bad Muskau
Der wohl schönste Landschaftspark englischen Stils in Deutschland, 1815 von Hermann Fürst von Pückler-Muskau angelegt. Das Wegenetz nimmt insgesamt eine Länge von 27 km ein, von vielen Stellen aus bieten sich großartige Bilder. Der östliche Parkteil jenseits der Lausitzer Neiße gehört seit dem Ende des Zweiten Weltkrieges zu Polen. Im Neuen Schloß, seit 1945 Ruine, kam der geniale Parkgestalter zur Welt. Von Cottbus sind es auf der B 115 etwa 40 km bis Bad Muskau im Freistaat Sachsen. (I 11)

Burg
Das östlichste Tor zum Oberspreewald. Etwa 300 Brücken, hier Bänke genannt, überspannen die 194 befahrbaren Fließe. Von zwei Fährhäfen (einer in Burg-Dorf, der andere in Burg-Kauper bei der Gaststätte Waldschlößchen) starten die Kähne zu Rundfahrten. Vorzüglich zubereitet werden Hecht, Zander, Aal und Karpfen im Hotel Bleske, in dessen Spreewald-Bauernstube sie bestens schmecken. 17 Zi., *Hauptstraße 43, Tel. 0 35 60/2 10, Fax 3 82, Kategorie 2 (Hotel Kategorie 3).*
Für den Abschiedsblick auf diese Landschaft empfiehlt sich der 29 m hohe Bismarckturm auf dem Schloßberg, 2 km nördlich von Burg-Dorf. (H 10)

Das Staatstheater Cottbus ist ein Gesamtkunstwerk im Jugendstil

Das Muskauer Neue Schloß ist auch noch als Ruine eindrucksvoll

Forst
Mehr als 30000 Rosenstöcke wachsen im Ostdeutschen Rosengarten, *Wehrinselstraße*. In einer alten Tuchfabrik entsteht gegenwärtig das »Brandenburgische Textilmuseum« mit einer Tuchmacher-Schauwerkstatt. Der Zweite Weltkrieg hat Forst (25000 Ew.) zu 85 Prozent zerstört, die Wunden sind noch heute im Stadtbild zu sehen. In der Umgebung hat der Braunkohletagebau neue Wunden geschlagen – von der B 112 aus sind die riesigen Bagger zu sehen, die sich in das Erdreich fressen. (I 10)

Guben
Eine durch die Neiße geteilte Stadt. Das historische Zentrum gehört seit dem Ende des Zweiten Weltkrieges unter dem Namen Gubin zu Polen; den deutsch gebliebenen Westteil (32000 Ew.) prägen viele Grünanlagen und elf Seen in der Umgebung. Der Deulowitzer See ist schnell erreichbar: schöne Lage, sauberes Wasser, Ruderbootverleih. An zweiter Stelle rangiert der Pinnower See südlich der B 320, der zum Angeln, Surfen, Rudern und Baden einlädt. (I 9)

Peitz
Karpfen aus Peitz gelten als Delikatesse. Die Peitzer Teichlandschaft entstand durch den Abbau von Raseneisenstein. Einige der Karpfen, Aale, Hechte und Zander, die die Fischer aus den Gewässern holen, landen in den Pfannen oder Kochtöpfen der betriebseigenen Gaststätte Karpfenklause. *Hüttenwerk 1, Kategorie 2.* Von der Peitzer Festung, im 16. Jh. durch italienische Ingenieure errichtet, blieb der 35 m hohe Turm stehen. (H 10)

Spremberg
Vom Bismarckturm kann herrlich auf die im Tal liegende

Stadt (24 000 Ew.) geschaut werden. Im Hof des Niederlausitzer Heidemuseums wurde 1780 ein sorbisches Bauernhaus errichtet, das aus dem von der Braunkohle vernichteten Dorf Groß Buckow stammt und so gerettet wurde. *Di bis Fr 9-12, 13-17 Uhr, So 14-17 Uhr, Gartenstraße 9.* Vorzügliche Wildgerichte mit Preiselbeeren bietet die am Stadtrand liegende Gaststätte Zur Wildtränke, *Grausteiner Weg 10, Kategorie 2.* Beliebtes Surf- und Segelrevier ist die 9,6 qkm große Talsperre Spremberg, um die ein 18 km langer Rundwanderweg führt. Die Wasserqualität des Sees ist allerdings nicht die beste. (H 11)

FINSTERWALDE

Seit jeher gelten die Finsterwalder als singfreudig. Wilhelm Wolf veranlaßte das 1899 zum Schwank »Die Sänger von Finsterwalde«, dessen Couplet als Gassenhauer große Popularität erlangte. Finsterwalde (23 000 Ew.) mit seinem unverwechselbaren historischen Altstadtkern hat noch das Flair einer Ackerbürgerstadt. (F 11)

BESICHTIGUNG

Altstadt
Den langgestreckten Markt säumen Bürgerhäuser in großer Stilvielfalt, Blickpunkt bildet das barocke Rathaus (1739). Vom Markt führt die Schloßstraße an der Trinitatiskirche (16. Jh.) vorbei zum Renaissanceschloß (Sitz der Stadtverwaltung). Zum Wahrzeichen von Finsterwalde wurde der 54 m hohe Wasserturm (1910), die Zifferblätter der Uhr haben einen Durchmesser von 2,86 m. Sehenswert ist auch das »Märchenhaus« (1928) genannte Gebäude Friedrich-Hebbel-Straße 16–22, das 27 Reliefs mit Szenen aus Märchen der Gebrüder Grimm zieren.

MUSEUM

Kreismuseum
Eine Rarität: der originale Kolonialwarenladen aus Großmutters Zeiten. Das Museum hat sein Domizil in einem Handelshaus von 1850. *Di 9–11, 14–18 Uhr, Mi, Fr, So bis 17 Uhr, Lange Straße 8*

RESTAURANT/CAFÉ

Café Fortuna
Köstlicher Kuchen aus der eigenen Konditorei. *Mo. geschl., Berliner Straße 29*

Waldfrieden
Steaks vom heißen Stein. So ab 15.30 Uhr Tanztee. *Mo geschl., Frankenaer Weg 148 (nahe dem Segelflugplatz), Kategorie 2*

ÜBERNACHTUNG

Sängerstadt
Traditionsreiches Haus mit behaglicher Ausstattung. 27 Zi., *Markt/Ecke Lange Straße, Tel. 0 35 31/25 57, Fax 3 08 89, Kategorie 2*

Zum Vetter
Liebevoll geführtes Hotel garni in sehr ruhiger Zentrumslage. 20 Zi., *Große Ringstraße 24, Tel. 0 35 31/22 69, Fax 32 05, Kategorie 2*

AUSKUNFT

Fremdenverkehrsbüro
Markt 1 (im Rathaus), 03238 Finsterwalde, Tel. 0 35 31/6 30 47

»Der tolle Pückler«

Mit »tausend Küssen, Tränen und Umarmungen« verabschiedeten sich Hermann Fürst von Pückler-Muskau und seine Lucie 1826. »Der tolle Pückler«, wie er in adligen Kreisen genannt wurde, reiste nach England. Der Plan hierzu stammte von Lucie: Hermann sollte sich dort eine Millionärin angeln, um der Geldsorgen ledig zu werden. Und damit er ungehindert auf Brautschau gehen konnte, hatte die Fürstin sich scheiden lassen. 1400 Morgenvisiten absolvierte Pückler nach eigenen Angaben in den folgenden acht Monaten – erfolglos, denn zurück kehrte er ohne Braut.

Stattdessen brachte er von einer späteren Orientreise die blutjunge Abessinierin Machbuba mit. Die angebliche Fürstentochter bescherte ihm zwar kein Geld, dafür aber Liebe. Als er diese nach dem Tod von Machbuba 1840 vermißte, holte er seine Lucie zurück. Geheiratet hat er jedoch die neun Jahre ältere Frau nicht wieder.

ZIELE IN DER UMGEBUNG

Bad Liebenwerda
Gepflegte Parkanlagen, Spazierwege am Ufer der Schwarzen Elster und ein großzügiger Straßenmarkt mit adretten Häusern – so, wie es sich für einen Kurort gehört. 1905 nahm das Moorbad seinen Betrieb auf, seit 1925 darf sich die Stadt (6800 Ew.) offiziell als Bad bezeichnen. Behandelt werden rheumatische Erkrankungen. Vom Lubwart, dem backsteinernen Rest der alten Wasserburg, reicht der Blick weit ins Land. Attraktion im Kreismuseum: eine originale Drogerie von 1910. *Mi bis Fr 14-17 Uhr, Sa, So 10-12, 14-17.30 Uhr, Dresdener Straße 12* (E 12)

Crinitz
Seit mehr als 200 Jahren wird in dem Ort getöpfert. In den acht kleinen Werkstätten darf zugeschaut werden, wie geschickte Hände auf der rotierenden Töpferscheibe den Ton zu Gebrauchs- und Zierkeramik formen. Verkauf in der *Groß Mehßower Straße 8a* (Crinitzer Töpfergenossenschaft). *Mo bis Fr 8–12, 13–16 Uhr, dort auch Anmeldung zu Töpferkursen, Tel. 03 53 24/4 54* (F 11)

Doberlug-Kirchhain
Fast 100 Gerbereien gab es um 1900 in der Stadt (9000 Ew.). Eine dieser lederherstellenden Werkstätten, die bis 1947 existierte, wurde zum Weißgerbermuseum. Ausgestellt sind u. a. die fünf Zentimeter dicke Haut eines Elefanten und die durchsichtige eines Kugelfisches. *Di bis Fr 9–12, 14–16 Uhr, So 14–16 Uhr, Potsdamer Straße 18* (F 11)

Grünewalder Lauch
Baden, segeln, surfen, rudern können sie hier oder auch nur am 6 km langen Strand faulenzen – Ruhe zum Entspannen und Erholen finden Sie am 1 qkm großen künstlichen See Grünewalder Lauch. Wild aus

dem eigenen Gehege gibt es im Dorf Grünewalde im Wildrestaurant Jägerstübl. *Mo, Di geschl., Flur 15, Kategorie 3* (F 12)

Naturpark Niederlausitzer Heidelandschaft
Schwarzstorch, Wiedehopf und Auerhuhn brüten noch südlich von Finsterwalde, in den Niederungen der Schwarzen und Kleinen Elster kommen Biber und Fischotter vor. Deshalb entsteht in diesem Gebiet ein 480 qkm großer Naturpark. Von einem Hochsitz in der Nähe von Gorden können Kraniche beobachtet werden. Durch das Gebiet zieht sich der 35,1 km lange Elsterwanderweg, der an der Schradener Brücke beginnt und meist auf den Dämmen der Schwarzen Elster bis zur Bahnbrücke Beutersitz führt, gekennzeichnet ist er mit der Elster. In die bereits im Jahr 1300 erwähnte Elstermühle Plessa zogen die Biologische Station und die Naturparkverwaltung. (E–F 12)

Naturpark Niederlausitzer Landrücken
Noch besteht der Park südlich von Luckau nur auf dem Papier. Die Pläne sehen ein 550 qkm großes Gebiet vor, zu dem die bestehenden zwanzig Naturschutzgebiete gehören werden. In dem großen Waldgebiet wird es markierte Wanderwege und im Naturschutzgebiet Borcheltsbusch bei Görlsdorf drei Türme für die Tierbeobachtung geben. Der Höllberghof, ein charakteristischer Fachwerk-Dreiseitenhof bei Langengrassan, wird als Museum anschaulich die frühere Landwirtschaft in der Niederlausitz zeigen. (F–G 10–11)

KÖNIGS WUSTERHAUSEN

70 Seen umgeben Königs Wusterhausen (18 500 Ew.), von den Einheimischen kurz KW genannt. Das liebenswerte Kleinstädtchen an der Mündung des Nottekanals in die Dahme hat sich ein ungewöhnliches Stadtwappen zugelegt: drei auf der nördlichen Erdhalbkugel stehende Sendemasten. Es symbolisiert den 22. Dezember 1920, als vom Funkerberg am nördlichen Stadtrand die erste Radiosendung Deutschlands über den Äther ging. Die weithin sichtbaren stählernen Masten des 100-kW-Mittelwellensenders 21, der 1991 abgeschaltet wurde, strahlten Jahrzehnte das Programm des Berliner Rundfunks und das von Radio DDR aus. An die Jagdleidenschaft von König Friedrich Wilhelm I. (der »Soldatenkönig«) erinnert der in den Ortsteil Neue Mühle führende Tiergarten mit herrlichen Laubbäumen. (F 8)

BESICHTIGUNGEN

Ausstellung »Haus im Grünen«
Größtes Musterhauszentrum in den neuen Bundesländern; zu sehen gibt es 29 Häuser. *Sa bis Do 10–17 Uhr, Am Nottefließ (an der Chausseestraße)*

Jagdschloß
Beliebtes Domizil von König Friedrich Wilhelm I., der den Ort bekannt werden ließ. Ihm zu Ehren wurde er von Wendisch in Königs Wusterhausen umbenannt. Das Schloß mit seinem 1717/18 entstandenen Äußeren soll ein Museum werden und die drei königlichen Leidenschaften – Jagd,

Malerei und die sog. Tabakskollegien – thematisieren. *Schloßstraße*

Schleuse Neue Mühle
Von der Hubbrücke kann zugeschaut werden, wie die Schiffe den Höhenunterschied von 1,5 m überwinden. Besonders an warmen Sommerwochenenden gibt es viel zu sehen. Die Anlage stammt in ihrer heutigen Form aus der Zeit um 1870. *Tiergartenstraße*

RESTAURANTS/CAFÉ

Der Turm
Café mit Bildergalerie im alten Wasserturm. Vergessen Sie nicht, auf die Aussichtsplattform zu treten! *Mo geschl., Funkerberg*

Hoenckes Altes Wirtshaus
Gutes Speiserestaurant mit märkischer Küche. *Kirchplatz 3–4, Kategorie 1*

Riedel's Gasthof
Wild- und Fischgerichte; am Wasser bei der Schleuse gelegen, so daß auch mit dem eigenen Boot angereist werden kann. *Tiergartenstraße 2 (im Ortsteil Neue Mühle), Kategorie 2*

ÜBERNACHTUNG

Brandenburg
Familiengeführtes Hotel garni in zentraler Lage. 33 Zi., *Karl-Liebknecht-Straße 10, Tel 0 33 75/67 60, Fax 6 67 66, Kategorie 1, 2*

Sophienhof
Komfortables Haus im Stadtzentrum, das Sauna und Solarium bietet; behindertengerecht. 60 Zi., *Kirchplatz 3–4, Tel. 0 33 75/29 05 00, Fax 29 06 99, Kategorie 1*

SPIEL UND SPORT

Das Strandbad Neue Mühle am Krimnicksee mit einer 52 m langen Wasserrutsche hat von Mai bis Sept. geöffnet, vom Bahnhof sind es 30 Min. Fußweg. Schiffsfahrten durch die Schleuse Neue Mühle zum Krüppelsee und anderen Zielen beginnen am Nottekanal beim Fremdenverkehrsverband. Vier Tennisplätze am Stadion der Freundschaft, *Cottbuser Straße 38*

AUSKUNFT

Fremdenverkehrsverband Dahmeland e. V.
Am Nottekanal (an der B 179), 15711 Königs Wusterhausen, Tel. 0 33 75/29 12 69, Fax 29 46 37

ZIELE IN DER UMGEBUNG

Halbe
200 000 deutsche Soldaten waren in den letzten Tagen des Zweiten Weltkrieges südlich von Berlin eingeschlossen: Vom 24. April bis 1. Mai tobte die große Kesselschlacht von Halbe, bei der es 60 000 Tote gab, viele von ihnen erst 16 oder 17 Jahre alt – Hitlers letztes Aufgebot. Auf dem großflächigen 6,5 ha großen Soldatenfriedhof fanden Tausende von ihnen in Einzel- oder Massengräbern ihre letzte Ruhestätte, weit über die Hälfte konnte nicht identifiziert werden. (F 9)

Köthen
Badespaß an einem kleinen Sandstrand bietet der Köthener See; Boote stehen zum Ausleihen bereit. Wild- und Fischgerichte und »Oma Bendzullas Lauchsuppe« sind die Spezialitäten der

Gaststätte Zum Köthener See, *Dorfstraße 17, Kategorie 3.* Wanderwege führen in südlicher Richtung zu den Krausnicker Bergen und den sich im Wald versteckenden sieben kleinen Heideseen. Weite Blicke ermöglicht der 144 m hohe Wehlaberg. (G 9)

Löpten
Kleines, unscheinbares Dorf östlich von Teupitz, interessant nur durch den Eichenhof, einen kinderfreundlichen Reiterhof nebst Hotel mit vorzüglicher Küche. Kremser- und Kutschfahrten, für Ausritte stehen 20 Pferde bereit. 12 Zi., *Restaurant Mi geschl., Tel. 03 37 62/4 20 77, Fax 4 20 78, Kategorie 2* (F 9)

Mittenwalde
Ein verträumtes Kleinstädtchen (2300 Ew.) mit zahlreichen ein- und zweigeschossigen Häusern aus dem 18. und 19. Jh. Beherrscht wird das Stadtbild vom neugotischen Turm der Kirche, von 1651–57 Wirkungsstätte des bekannten Kirchenliederdichters Paul Gerhardt. Von der mittelalterlichen Stadtbefestigung steht noch das Berliner Tor. 2 km entfernt, am Fuße des Weinberg genannten Hügels (in Richtung Großmachnow), das Hotel-Restaurant Waldschlößchen, 12 Zi., *Am Weinberg 3, Tel./Fax 03 37 64/ 6 08 08, Hotel Kategorie 2, Restaurant Kategorie 1* (F 8)

Motzener See
In Motzen am Westufer des Sees liegt der 1,1 qkm 27-Loch-Golfplatz, 1994 und 1995 Treff der Weltelite zu Deutschlands exklusivstem Golfturnier »German Masters«. Von der Straße in Richtung Bestensee besteht guter Einblick auf das Gelände. Wem es beim Golfen zu warm wird, der kann in dem für Motorboote gesperrten Motzener See baden: An der Straße nach Mittenwalde und auf der gegenüberliegenden Seeseite in Kallinchen bestehen gute Bademöglichkeiten. Dort lohnt sich auch wegen ihres vielseitigen Speiseangebots zu erschwinglichen Preisen der Besuch der Gaststätte Alter Krug. *Mi geschl., Hauptstraße 15, Kategorie 3* (F 8)

Naturpark Dahme-Heideseen
Für Naturliebhaber ein herrlicher Flecken Erde. Kranich, Fischotter, Sumpfschildkröte und Seeadler haben sich das Gebiet südöstlich von Königs Wusterhausen als Heimat gewählt. Das Dahme-Heideseengebiet, von Fontane als das *»wildromantische Land Storkow-Beeskow bezeichnet«*, soll auf einer Fläche von 540 qkm Naturpark werden. Im Naturschutzgebiet Dubrow, einem von 19 in dem waldreichen Landstrich mit tiefen Rinnseen, horsten auf bis zu 300 Jahre alten Traubeneichen Graureiher. Wissenswertes zu Fauna und Flora vermittelt das Haus des Waldes in Gräbendorf (an der B 179, ausgeschildert). (F–G 8)

Prieros
Über die einstige bäuerliche Lebensweise informiert das kleine Museum Heimathaus in einem schilfgedeckten Fachwerkbau aus dem 18. Jh., *Mai bis Sept. Di bis Fr 11-16 Uhr, Sa, So 13-17 Uhr, Dorfaue 1.* Führungen durch den Botanisch-Naturkundlichen Lehrgarten mit 250 Nadelgehölzen, Heidegarten, Feuchtbiotop: *Mi, Sa, So 15 Uhr, Mühlendamm 12a.*

Wer vom vielen Entdecken Hunger oder Durst verspürt oder einige Tage bleiben möchte: Gaststätte und Pension Waldidyll, *Mai bis Sept. Mi geschl., Okt. bis April Mi, Do geschl.*, 7 Zi., 1 Bungalow *(für 3 Pers.), Münchehofer Straße 12, Tel. 03 37 68/5 02 37* (F 8)

Teupitz
Schenkenländchen heißt die Region, da auf der Halbinsel Teupitz 400 Jahre die »Edlen Schenken von Landsberg und Seyda« residierten. Die letzten DDR-Jahre versperrte dem Normalbürger ein Eisentor den Zutritt zur Halbinsel: Honeckers SED hatte das Schloß zu einem Nobel-Ferienheim für Parteifunktionäre und ausländische Gäste gemacht. Heute steht es als Schloßhotel allen offen. 38 Zi., *Kirchstraße 8, Tel. 03 37 66/2 66, Fax 2 92, Kategorie 1, 2.* Seit Jahren eine bekannte Adresse für gute Gastronomie (mehr als 60 Gerichte stehen zur Wahl): Restaurant Schenk von Landsberg. *Lindenstraße 6, Kategorie 2.* Die Teupitzer Seenkette wird durch zehn Gewässer gebildet, die seit dem vorigen Jh. durch Kanäle miteinander verbunden sind. Gefischt wird hier vom Stichling bis zum Wels. Der Rekord: Ein 212 cm langer und 54 kg schwerer Wels. Schiffsfahrten beginnen am Anlegesteg »Bohr's Brücke« hinter dem Teupitzer Mark. (F 9)

LÜBBEN

Von einem »*verträumten Ackerbürgerstädtchen*« schrieb Theodor Fontane und diese Charakterisierung trifft noch heute zu. Das an der engsten Stelle des Spreetales liegende Lübben (14 000 Ew.), im Zweiten Weltkrieg zu rund achtzig Prozent zerstört, ist beliebter Ausgangsort für Kahnfahrten in den Unter- und Oberspreewald. (G 10)

BESICHTIGUNGEN

Paul-Gerhardt-Kirche
Der protestantische Kirchenliederdichter Paul Gerhardt war 1669–76 als Archidiakon an der Stadtkirche angestellt, die deshalb seit 1930 seinen Namen trägt. In der Kirche wurde Gerhardt bestattet, davor steht sein Bronzedenkmal.

Schloßturm
Lübbener Geschichte zeigt das große Wandbild im Wappensaal des Wohnturms: Dargestellt ist das Ereignis, wie die Einwohner 1448 dem brandenburgischen Kurfürsten Friedrich II. beim Einzug in ihre Stadt huldigten. *Di bis So 10 bis 12 Uhr, 14–17 Uhr, Ernst-von-Houwald-Damm*

RESTAURANTS

Cartoon
Gute Adresse. Vorwiegend Grillgerichte. *Sa, So erst ab 18 Uhr, Gubener Straße 9, Kategorie 2*

Historischer Weinkeller
Viel Atmosphäre hinter dem 2,5 m starkem Gemäuer des alten Schloßturms. *So, Mo geschl., Ernst-von-Houwald-Damm, Kategorie 1*

ÜBERNACHTUNG

Jugendherberge
Am südlichen Stadtrand an der Hauptspree. *100 Betten, 11 Familienzimmer, zum Wendenfürsten 3, Tel. 0 35 46/30 46, Kategorie 3*

Spreeufer
Kleines, schickes Stadthotel am Spreeufer. 14 Zi., *Hinter der Mauer 4, Tel. 0 35 46/80 03, Fax 80 69, Kategorie 2*

Steinkirchener Hof
Empfehlenswerte Wohn- und Speisenqualität. 16 Zi., *Cottbuser Straße 16, Tel. 0 35 46/82 12, Fax 82 78, Kategorie 2*

CAMPING

Ebenes Wiesengelände. *April bis Okt. geöffnet, Mittagsruhe 12.30-15 Uhr, Tel. 0 35 46/70 53*

KAHNFAHRTEN

Im Angebot sind Standardtouren von 1,5 bis 8 Std. Dauer. *Abfahrtsstellen am Strandcafé (hinter dem Bootsverleih) und an der Berste (am Gymnasium, Berliner Straße)*

AM ABEND

Im Wappensaal des Schloßturms finden kulturelle Veranstaltungen statt, in der Paul-Gerhardt-Kirche kann man Orgelkonzerte besuchen. ✱ Disko-Treff für junge Leute: Schützenhaus, *Bahnhofstraße 35*

AUSKUNFT

Fremdenverkehrsverein
Lindenstraße 14, 15901 Lübben, Tel. 0 35 46/24 33, 30 90, Fax 25 43

ZIELE IN DER UMGEBUNG

Dahme
Angeschaut werden sollte in der Stadt (5000 Ew.) die gotische Marienkirche (17. Jh.), das prachtvolle Neurenaissance-Rathaus sowie die weitgehend erhaltene Stadtmauer mit zwei Stadttoren und dem Vogelturm. Ins stattlichste Fachwerkhaus zog das Heimatmuseum; wer sich für Trachten und Blaudruck interessiert, ist hier richtig. *Mo–Do 8–12, 13–16 Uhr, Di bis 18 Uhr, Töpferstraße 16* (E 10)

Luckau
Das Zentrum der Stadt (6000 Ew.) weist beachtliche Bauwerke auf: Reichverzierte Giebelhäuser am Markt, große Teile der Stadtbefestigung mit dem Roten Turm, die Georgenkapelle mit dem das Stadtbild bestimmenden Hausmannsturm und die Nikolaikirche mit einer prunkvollen Sandsteinkanzel. (F 10)

Schlepzig
Ein kleines Dorf im Herzen des Unterspreewaldes. Die Hauptspree und mehrere Fließe durchziehen Schlepzig, das sich mit einer sehr hübschen Fachwerkkirche von 1782 schmückt. In einem Fachwerkhaus von 1818 ist das Bauernmuseum untergebracht. *April bis Okt. Di bis Fr 9–17 Uhr, Sa 10–17 Uhr, So 10–16 Uhr, Nov. bis März Mo bis Fr 9–15.30 Uhr, Dorfstraße 26* (G 9)

Straupitz
✱ Vom 96 m hohen Weinberg bietet sich ein schöner Blick auf das ruhig gelegene Dorf am Nordrand des Oberspreewaldes. Die sorgfältig restaurierte Kirche, weithin durch die 40 m hohen quadratischen Zwillingstürme zu sehen, ist Ziel der meisten Straupitz-Besucher. Entworfen hat den Prachtbau Preußens berühmtester Baumeister Karl Friedrich Schinkel. (G 10)

LÜBBENAU MIT LEHDE

Bekanntester und größter Ort (23 000 Ew.) des Spreewaldes, jährlich für Tausende Ausgangspunkt für Kahnfahrten in den Oberspreewald. ★ Beliebtestes Ziel ist der romantische Ortsteil Lehde, den Fontane als »*Lagunenstadt im Taschenformat, ein Venedig, wie es vor 1500 Jahren gewesen sein mag*«, bezeichnete. Alle Häuser in Lehde, natürlich auch die Gaststätten, haben eigene Kahnanlegestellen. (G 10)

MUSEEN

Freilandmuseum Lehde
Drei volkskünstlerisch und handwerklich wertvolle Spreewaldgehöfte. *April bis 15. Sept. tgl. 10 bis 18 Uhr, 16. Sept. bis Ende Okt. bis 17 Uhr*

Spreewald-Museum
Geschichte und Kultur des Spreewaldes. Für Eisenbahnfans: Ein kombinierter Pack- und Personenwagen sowie eine Lokomotive der »Spreewaldguste«, die bis 1970 zwischen Cottbus und Lübben dampfte. *April bis 15. Sept. Di bis So 10–18 Uhr, 16. Sept. bis Okt. 10–17 Uhr, Schloßpark*

RESTAURANTS/CAFÉ

Café Venedig
Bevorzugtes Ziel der Kahnfährleute. Großer Bier- und Kaffeegarten. *Nov. bis März geschl., An der Lischka 1 (in Lehde), Kategorie 3*

Hirschwinkel
An der Straße von Lübbenau nach Lehde. Vor allem Wild- und Fischgerichte. *An der Dolzke 6, Kategorie 2*

Spreewaldhof
Hell, freundlich, gemütlich. *Nov. bis März geschl., An der Dolzke 4 (in Lehde), Kategorie 2*

Zum Nußbaum
Zentrale Lage, schmackhafte Speisen. *Dammstraße 76, Kategorie 2*

ÜBERNACHTUNG

Schloß Lübbenau
Im Park, nahe des Kahnfährhafens gelegen. 57 Zi., *Schloßbezirk 6, Tel. 0 35 42/81 26, Fax 33 27, Kategorie 1*

Spreewaldeck
Neubau in zentraler Lage. 27 Zi., *Dammstraße 31, Tel./Fax 0 35 42/28 21, Kategorie 2*

CAMPING

Idyllisch auf einer kleinen Halbinsel. *Geöffnet Mai bis Okt., Mittagsruhe 13–15 Uhr, Tel. 0 35 42/35 33*

KAHNFAHRTEN

Die kürzeste Standardroute dauert 1,5 Std. und führt nach Lehde. Alle weiteren Fahrten sehen mindestens einen Halt vor und dauern zwischen 2,5 und 8 Std. *Abfahrtstellen am großen Kahnfährhafen in der Dammstraße sowie am Ende der Spreestraße und hinter dem Restaurant Zum Nußbaum.*

AUSKUNFT

Fremdenverkehrsverein
Ehm-Welk-Straße 15, 93222 Lübbenau, Tel./Fax 0 35 42/36 68

ZIELE IN DER UMGEBUNG

Leipe

Wie alle Spreewalddörfer bietet Leipe den schöneren Anblick von der Wasserseite aus, denn bis in die jüngste Zeit war die Spree Hauptstraße des Ortes und zum Land hin befanden sich die Hintereingänge der Häuser. Mit dem Kahn werden 2,5 bis 3 Std. bis zur Polenz-Schänke benötigt (auf dem Land nur über die Burger Ringchaussee erreichbar), die mit Wild- und Fischspezialitäten aufwartet. *Nov. bis März geschl., Kategorie 2.* Am Rande des Hochwaldes lädt das neue herrliche Waldhotel Eiche zum Übernachten ein. 61 Zi., *(Zufahrt über die Burger Ringchaussee), Tel. 03 56 03/ 2 45, Fax 6 01 84, Kategorie 1* (G 10)

Spreewaldhof Wotschofska

★ Wer die Fahrt mit einem Spreewaldkahn meiden möchte: Die beliebte Gaststätte Wotschofska ist auch zu Fuß erreichbar. Der 3,4 km lange Wanderweg beginnt in Lübbenau gegenüber der Kirche in der Spreestraße; er führt über 17 Brücken. Die Gaststätte wurde 1894 im Schweizerhausstil erbaut. *Nov. bis Feb. geschl., im Winter wird geöffnet, wenn die Fließe zugefroren sind, Kategorie 3* (G 10)

Vetschau

Zeugnis für das jahrhundertelange Zusammenleben von sorbischer und deutscher Bevölkerung gibt die Kirche ab, die im 15. Jh. für die Sorben errichtet wurde, 200 Jahre später einen Anbau für die Deutschen erhielt. Wissenswertes über den Weißstorch erfährt man im Informationszentrum, Drebkauer Straße 2. Im backsteinernen Brauereigebäude der Stadt (9000 Ew.) von 1853 entstand das Restaurant Altes Brauhaus, *Sa erst ab 19 Uhr geöffnet, Richard-Hellmann-Straße 32 (beim Markt um die Ecke), Kategorie 2* (G 10)

Lokomotive der »Spreewaldguste« im Spreewaldmuseum, Lübbenau

SENFTENBERG

Jahrzehntelang war Senftenberg (29 000 Ew.) eine Industriestadt, vor allem der zu Kaiser Wilhelms Zeiten begonnene Braunkohlebergbau prägte ihr Äußeres. Durch den 1300 ha großen gleichnamigen See avancierte Senftenberg vor einigen Jahren zur Ferienstadt. 1966 verließ der letzte Kohlezug die gewaltige Braunkohlengrube südlich der Stadt, die zum Senftenberger See wurde. 1973 vergnügten sich hier die ersten Badegäste und genossen den herrlichen Sandstrand an dessen Ufer. (G 12)

BESICHTIGUNG

Festung Senftenberg
Bedeutende militärhistorische Anlage aus dem ausgehenden Mittelalter mit Renaissanceschloß, Kasematten, Erdwall und Pulvertürmchen *Steindamm.*

MUSEUM

Kreismuseum
Zahlreiche Kunstgegenstände stammen aus Niederlausitzer Dorfkirchen, die Opfer der Braunkohlebagger wurden. *Mai bis Okt. Di bis Fr 9–17 Uhr, Sa, So 14–18 Uhr, Nov. bis April 10 bis 16 Uhr, Sa, So 13–17 Uhr, Schloß*

RESTAURANTS/CAFÉ

Farmerhaus
Amerikanische und mexikanische Küche wird hier angeboten. *Kreuzstraße 6, Kategorie 2*

Konditorei Wesenfeld
Kuchen aus eigener Herstellung. *Sa nur bis 13 Uhr, Kreuzstraße 14*

Zur Glocke
Vorzüglich zubereitete Steaks von argentinischen Rindern werden serviert. *Sa erst ab 17 Uhr, Kirchplatz 3, Kategorie 1*

ÜBERNACHTUNG

Ferienanlage Großkoschen
Mehr als 300 Bungalows unterschiedlicher Größe und Ausstattung (für 2 bis 6 Pers.); am Südufer des Senftenberger Sees gelegen. *Tel. 0 35 73/80 00, Fax 79 36 09, Kategorie 3*

Kronprinz
Das beste Haus in Senftenberg. 16 Zi., *Ernst-Thälmann-Straße 44, Tel. 0 35 73/21 53, Fax 79 17 58, Kategorie 2*

CAMPING

Camping Senftenberger See
Am Südufer des Sees in Großkoschen, geöffnet *April bis Okt., Mittagsruhe 13–15 Uhr, Tel. 0 35 73/ 8 12 93, Fax 79 36 09*

SPIEL UND SPORT

★ »Ostsee der Niederlausitz« wird der Senftenberger See oft bezeichnet. Segeln, rudern, surfen und angeln kann man hier. Der Badestrand hat eine Länge von mehr als 11 km (davon 5 km für FKK), von April bis Sept. finden Schiffsrundfahrten (70 Min. Dauer) statt.

AM ABEND

Das Programm der Neuen Bühne reicht von der kleinen Oper über das Musical bis zum Schauspiel. Beliebt sind die Sommermusikveranstaltungen in der

St. Peter-Paul-Kirche von Mai bis Juli. Disko, Live-Musik, Gespräche für junge Leute: Klub Würfe, *Kellermannplatz 1.* Disko auch im Gesellschaftshaus, *Rudolf-Breitscheid-Straße 5*

AUSKUNFT

Kreisfremdenverkehrsamt
Am Kirchplatz 18, 01969 Senftenberg, Tel./Fax 0 35 73/21 70, 79 63 18

ZIELE IN DER UMGEBUNG

Altdöbern
Barockschloß und Park gehören zu den künstlerisch bedeutenden Anlagen in Brandenburg. Das seit Jahren leerstehende und zusehends verfallende Schloß bekam seine neubarocke Ausstattung 1880–83. Der Spaziergang durch den großzügigen Landschaftsgarten ist zu empfehlen: Viele Skulpturen stehen hier. (G 11)

Großkoschen
Ein für diese Region typischer Vierseitenhof wurde in dem Dorf am Senftenberger See zum Museum umfunktioniert. Herrlicher Kräutergarten! *Mai bis Okt. Di bis Fr 10–15.30 Uhr, Sa, So 13–17 Uhr, Dorfplatz 13* (G 12)

Lauchhammer
In der Stadt (25 000 Ew.) wurden Denkmäler mit Ewigkeitsanspruch für Kaiser, Könige und Feldherrn hergestellt. Der Lauchhammer Bronzebildguß war im vorigen Jahrhundert der berühmteste in Deutschland. Das Kunstgußmuseum wurde im 1898 erbauten Lehrlingswohnheim – zu der Zeit vermutlich das erste seiner Art – eingerichtet. *Tgl. 14–18 Uhr, Grünhauser Straße 19* (G 12)

Die vielverzweigte Flußlandschaft des Spreewaldes ist einzigartig in Europa

Prachtvolle Parks, Klöster und Schlösser

Von Potsdam in das seenreiche Havelland und den waldbestandenen Fläming

Potsdam mit Preußens »Glanz und Gloria« stiehlt allen anderen Städten und Ortschaften westlich Brandenburgs die Show: Sanssouci, Friedrich der Große und Cecilienhof sind unbestritten die touristischen Renner. Sogar aus Japan und den USA reist man an, um – wie einst Preußens Könige und Deutschlands Kaiser – durch die Schlösser und Parks zu lustwandeln. Der Westen Brandenburgs hat aber noch weit mehr zu bieten. Wer sich per Schiff in die seenreiche Umgebung von Potsdam und Brandenburg hat fahren lassen, wird immer wieder kommen wollen. Die Schönheiten des Havellandes hatten bereits die preußischen Könige entdeckt. Einen Ausflug wert ist auch das waldreiche Hügelland des Fläming mit seinen beschaulichen Dörfern in sanften Tälern. Viele stille Plätze gibt es hier und manches zum Erkunden, so die Burgen Rabenstein, Eisenhardt und die Schlösser Wiepersdorf und Wiesenburg. Flämische Siedler errichteten im 12. Jh. auf dem 100 km langen und 30 bis 50 km breiten Landrücken südlich von Potsdam ihre Siedlungen und gaben der Landschaft ihren heutigen Namen.

Kloster Lehnin

BELZIG

Ruhe und Beschaulichkeit bietet die Stadt (7700 Ew.), die als Tor zum Hohen Fläming gilt. Nach dem Besuch der Burg und einem Stadtbummel kann man hinaus in die Landschaft wandern und radeln. Die Nuthe teilt den flachgewölbten Höhenzug in den Hohen Fläming im Westen und den Niederen Fläming im Osten. Besonders anstrengen muß man sich nicht bei der Ersteigung des Hohen Fläming, da seine höchste Erhebung bei Belzig nur 201 m beträgt. (C9)

MUSEUM

Museum Burg Eisenhardt
Etwa 700 Zinnfiguren stellen eine Szene aus der Schlacht bei

Hagelberg im napoleonischen Befreiungskrieg 1813 nach. Vom 33 m hohen Bergfried der mittelalterlichen Burg Eisenhardt bietet sich ein schöner Blick auf die Stadt. *Mo, Mi bis Fr 10–16 Uhr, Di, Sa, So 10–18 Uhr, Wittenberger Straße 14*

RESTAURANTS

Alter Brauhof
Solide Hausmannskost. *So geschl., Straße der Einheit 16, Kategorie 3*

Jagdhaus Weitzgrund
Wildgerichte, Biergarten mit Grillabenden. *Im Ortsteil Weitzgrund, Kategorie 3*

ÜBERNACHTUNG

Burghotel
Rustikale Gemütlichkeit im ehemaligen Speicherflügel der Burg Eisenhardt. 12 Zi., *Wittenberger Straße 14, Tel. 03 38 41/3 12 96, Fax 3 12 97, Kategorie 2*

Fläming
Reiterpension in ruhiger Lage am Wald. *Im Ortsteil Weitzgrund,* 8 Zi., *Tel. 03 38 41/25 49, Kategorie 3*

SPIEL UND SPORT

Wie wäre es mit einem Blick aus der Höhe auf den Fläming? Sa, So kann ab 10 Uhr in Segelflugzeugen mitgeflogen werden, Start im Ortsteil Lüsse. Erlebnisbad mit einer 55 m langen Riesenrutsche, Blubber-Inseln und vielen Sport- und Spielmöglichkeiten. *Weitzgrunder Straße*

AUSKUNFT

Kultur- und Informationszentrum
Wittenberger Straße 14 (Burg Eisenhardt), 14806 Belzig, Tel. 0 33 41/ 24 61

MARCO POLO TIPS FÜR DEN WESTEN

1 **Park Wiesenburg**
Seltene exotische Baumarten (Seite 75)

2 **Dommuseum Brandenburg**
Liturgische Gewänder, mittelalterliche Plastik, feingearbeiteter Goldschmuck und andere Schätze (Seite 76)

3 **Babelsberger Studiotour**
Blick in die Ateliers, in denen Greta Garbo, Marlene Dietrich, Hildegard Knef und andere Weltstars Filme drehten (Seite 82)

4 **Park Sanssouci**
Einzigartiges Kunstwerk der Landschaftsgestaltung mit dem Sommerschloß von Friedrich dem Großen (Seite 83)

5 **Alexandrowka**
Russische Kolonie mit 13 Holzhäuschen im Norden von Potsdam (Seite 84)

6 **Südwestfriedhof Stahnsdorf**
Natur, Architektur, Plastik und »Prominentengräber« (Seite 87)

ZIELE IN DER UMGEBUNG

Beelitz
Brandenburgs Spargelort! Zur Spargelzeit fahren die Potsdamer und Berliner nach Beelitz. Köstlich wird er in der Gaststätte Zur Alten Brauerei in der Altstadt zubereitet. *Do geschl., Fr ab 18 Uhr, Mühlenstraße 30, Kategorie 3.* Wer nach dem Essen wandern möchte: Der Weg entlang des Flüßchens Nielpitz (in Richtung Reesdorf) führt durch eine schöne Wiesen- und Auenlandschaft. (D 8)

Borkheide
1908 startete in Borkheide das erste deutsche Motorflugzeug, gebaut von dem Ingenieur Hans Grade (1879–1946). 1989 landete in dessen Sterbeort ein ausgemustertes Flugzeug des sowjetischen Typs IL 18, in dessen Innerem das Hans-Grade-Museum entstand. *April bis Okt. Mi, Sa 14 bis 17 Uhr, So, Feiertage 10–12, 14 bis 17 Uhr, Am Flugplatz (beim Bahnhof)* (D 8)

Görzke
Seit über 200 Jahren wird in dem Dorf getöpfert. Von Mo bis Sa darf in die Werkstätten geschaut werden. Eine große Auswahl an Gebrauchskeramik steht zum Verkauf bereit: Töpferei Ludwig, *Wiesenburger Straße 2*; Töpferei Wagner, *Chausseestraße 54* (C 9)

Hagelberg
Mit 201 m die höchste Erhebung Brandenburgs. Zwei Denkmale halten in der Nähe die Erinnerung an ein großes Gefecht wach: Preußische und russische Einheiten besiegten am 27. August 1813 westlich von Belzig Truppen Napoleons. Vom alten, 1849 errichteten Denkmal (sogar König Friedrich Wilhelm IV. kam zur Enthüllung angereist), steht nur noch ein Rest. Das neue nicht übersehbare Monument stammt aus dem Jahr 1955. *Von der B 246 in Klein Glien Richtung Norden abbiegen* (C 9)

Niemegk
Schlichte von Kiefernwäldern umrahmte Kleinstadt (3000 Ew.) am Nordrand des Hohen Fläming. Sehenswert sind das Renaissance-Rathaus (1570) und die neugotische Johanniskirche (1853), ein Werk des Schinkel-Schülers Friedrich August Stüler. Frische Forellen aus der 2 km entfernten Zucht Werdermühle bietet die Forellenklause an. *Großstraße 72, Kategorie 3* (C 9)

Rabenstein
Vom 28 m hohen Bergfried der Rabensteiner Burg hat schon August der Starke auf den Fläming geschaut. Sachsens berühmtester Kurfürst hielt sich wiederholt auf der Burg auf, die zu seinem Herrschaftsbereich gehörte. Das guterhaltene mittelalterliche Bauwerk dient seit 1956 als Jugendherberge. (C 9)

Wiesenburg
★ Ein wunderschöner Landschaftspark mit Schloß- und Inselteich in der Mitte. Viele der hier wachsenden Baumarten stammen aus Amerika, China, Japan und Westeuropa. Das stattliche Schloß (keine Innenbesichtigung möglich) ging aus einer mittelalterlichen Burg hervor, von der noch der runde Bergfried mit 4 m starken Mauern steht. *Mai bis Okt. Di bis Fr 11–17 Uhr, Sa, So 10–17 Uhr.* Im

Pavillon Luisens-Ruhe im nordwestlichen Teil etablierte sich Simones Café. *Di bis Sa 14–22 Uhr, So 14–19 Uhr* (C9)

BRANDENBURG

In Brandenburg (93 000 Ew.), das dem gesamten Bundesland seinen Namen gab, kann man viele mittelalterliche Baudenkmale anschauen. Keine andere Stadt in der Mark besitzt auch nur annähernd so viele Sehenswürdigkeiten aus dieser Zeit. Seine Hauptstadtfunktion verlor Brandenburg im 17. Jh., als Potsdam zur fürstlichen Residenz aufstieg. Vom Aussichtsturm (tgl. 10–18 Uhr) auf dem Marienberg sind neben der Dominsel noch gut die beiden anderen historischen Siedlungskerne, die Altstadt um die Gotthardtkirche und die Neustadt um die Katharinenkirche, erkennbar. (C8)

BESICHTIGUNGEN

Stadtführungen (Dauer 90 Min.) Sa, So 14 Uhr, Beginn Springbrunnen Neustädtischer Markt.

Kirchen

Die ältesten Teile des Doms St. Peter und Paul stammen aus dem Jahr 1165; zur reichen Ausstattung gehört der Böhmische Altar aus dem 14. Jh. *Mo bis Sa–17 Uhr, Mai bis Sept. Mi nur 9–12 Uhr.* Eine imposante Ausstattung gibt es auch in der spätgotischen Gotthardtkirche. *Tgl. 13–15 Uhr, Gotthardtkirchplatz.* Als besonders schönes Bauwerk der märkischen Backsteingotik gilt die Katharinenkirche. *Tgl. 10–17.30 Uhr, Katharinenkirchplatz.* Die Johannis- und die Paulikirche werden zur Zeit wieder aufgebaut. Sie waren im Zweiten Weltkrieg zerstört worden.

Die Roland-Figur am Brandenburger Rathaus gilt als die schönste ihrer Art in Deutschland

Tortürme

Von der Befestigung der Altstadt haben sich der 28 m hohe Rathenower Torturm und der 17 m hohe Plauer Torturm erhalten, von der Neustadt der 28,5 m hohe Steintorturm und der 24 m hohe Neustädtische Mühlentorturm.

MUSEEN

Dommuseum

★ Viele Schätze! Besonders kostbar sind die Originalurkunde

über die Gründung des Bistums Brandenburg aus dem Jahr 948, liturgische Gewänder aus dem 14. bis 16. Jh. und zahlreiche Goldschmiedearbeiten. *Führungen Di bis Do, Sa 10.30, 14.30 Uhr, So 14.30 Uhr, Burghof*

Museum im Frey-Haus
Ur- und Frühgeschichte, die Anfänge der Brandenburger Stadtgeschichte und die Havelschifffahrt sind thematische Schwerpunkte der Ausstellung. *Di bis Fr 9–17 Uhr, Sa, So 10–17 Uhr, Hauptstraße 96*

RESTAURANTS/CAFÉ

Domcafé
Köstlich schmeckt der Johannisbeerkuchen vom Blech. *Mo geschl., Burhof 11*

Ratskeller
Im Altstädtischen Rathaus. *Altstädtischer Markt 10, Kategorie 2*

Weinkeller
Kerzen und originales Kirchengestühl in einem 500 Jahre alten Kellergewölbe – die Atmosphäre ist einzigartig! *Ab 18 Uhr geöffnet, Steinstraße 21, Kategorie 1*

ÜBERNACHTUNG

Jugendherberge
In der Nähe des Doms am Wasser. 80 Betten, in den Sommermonaten noch 3 Bungalows. *Hevellerstraße 7, Tel. 0 33 81/ 52 10 40, Kategorie 3*

Lindenhof
Im Jugendstil eingerichtetes Hotel im Stadtteil Plaue. 16 Zi., *Chausseestraße 21, Tel./Fax 0 33 81/ 40 35 10, Kategorie 2*

Mothes
Kleines, stilvoll gestaltetes Haus. 18 Zi., *Göttinger Landstraße 37, Tel. 0 33 81/66 19 00, Kategorie 1*

CAMPING

Campingplatz Malge
Naturbelassenes Gelände im Mischwald am Breitlingsee. *Geöffnet April bis Sept., Mittagsruhe 12–14 Uhr, Tel. 0 33 81/51 21 34*

AM ABEND

Das Brandenburger Theater bietet Oper, Operette, Schauspiel. Vorverkauf *Hauptstraße 62.* Gut besucht sind die Konzerte auf der Schuke-Orgel in der Gotthardtkirche und auf der Orgel im Dom.

AUSKUNFT

Brandenburg-Information
Hauptstraße 51, 14776 Brandenburg, Tel./Fax 0 33 81/22 37 43

ZIELE IN DER UMGEBUNG

Lehnin
»Eine gotische Stadt im Kleinen« bezeichnete Fontane ein wenig überschwenglich das Kloster im Zentrum des Dorfes. Wie alle Kirchen der Zisterzienser besitzt auch die in Lehnin keinen Turm, sondern einen Dachreiter. Ein Blick in das Innere lohnt wegen der Ausstattung. *Sa 10–12, 12.30 bis 16.30 Uhr, ansonsten gibt es den Schlüssel (gegen eine Spende) im benachbarten Diakonissenheim.* Von Juli bis Sept. Do 19.30 Uhr Konzerte in der Kirche.

Für guten selbstgebackenen Kuchen ist das Klostercafé bekannt. *Di bis Fr. 7.30–18 Uhr, Sa*

7.30–10, 14–18 Uhr, Otto-Nuschke-Platz 6 (D 8)

Nauen
Kleinstadtidyll bis in den letzten Winkel: Nauen (11 200 Ew.) hat den Charakter einer noch ländlich geprägten Stadt behalten. Einen guten Überblick bekommt, wer auf dem Wall die Altstadt umrundet (Dauer etwa 60 Min.) und danach das Heimatmuseum besucht. *Mi–So 13.30 bis 16 Uhr, Rathausplatz 2.* Vom Rathausplatz mit dem neugotischen Backsteinrathaus (1888 bis 90) führt die Mittelstraße mit vielen Geschäften zum Martin-Luther-Platz mit der St. Jakobikirche (14. Jh.). Nauen gehört zu jenen Kleinstädten, deren Zentren zu DDR-Zeiten besonders stark vernachlässigt wurden. (D 7)

Rathenow
1675 vertrieb der Große Kurfürst die Schweden aus Rathenow (32 000 Ew.). Für diese Heldentat bekam er am Schleusenplatz ein barockes Denkmal gesetzt, das größte aus Sandstein in Norddeutschland. Dem Begründer der bis heute hier ansässigen optischen Industrie, J. H. A. Duncker, ist die Büste auf dem Bahnhofsvorplatz gewidmet. Über Duncker und die optische Industrie informiert das Kreismuseum. *Di bis Do 9–17 Uhr, So 13.30–16.30 Uhr, Rhinower Straße 19 d* (B 7)

Reckahn
Ende des 18. Jhs. verblüffte Friedrich Eberhard von Rochow die Bevölkerung, indem er – völlig unüblich für einen Gutsbesitzer – in dem Dorf eine Musterschule errichten ließ. Der »märkische Pestalozzi« ließ den Kindern von Bauern und Tagelöhnern Lesen, Schreiben und selbständiges Denken beibringen. In den Räumen des historischen Schulhauses von 1773 erinnert ein kleines Museum an den preußischen Schulreformer. *Di–Fr 9–16 Uhr, Sa, So 14–16 Uhr, Dorfstraße 23* (C 8)

Ribbeck
Niemand würde sich für das 500-Seelen-Dorf 8 km nordwestlich von Nauen interessieren, hätte nicht Fontane sein berühmt gewordenes Gedicht *»Herr von Ribbeck auf Ribbeck im Havelland, ein Birnbaum in seinem Garten stand ...«* geschrieben (um 1890). Das »Doppeldachhaus« des alten Herrn von Ribbeck, der den Dorfkindern die Früchte seines Birnbaums geschenkt haben soll, ist schon lange nicht mehr vorhanden; bereits 1821 mußte es dem heute als Seniorenheim dienenden Herrenhaus weichen. Der legendär gewordene Birnbaum stand bis 1911, danach wurde sein Stumpf Jahrzehnte im nicht mehr existierenden Restaurant zum Birnbaum ausgestellt. Dem gegenüber, direkt an der B 5, die Fontanegaststätte, *Kategorie 3* (D 5)

Stölln
Vermutlich einmalig in Deutschland: In Stölln bei Rhinow kann man sich an Bord eines Flugzeuges, »Lady Agnes« genannt, trauen lassen. Ein 1989 ausgedientes Passagierflugzeug vom sowjetischen Typ IL 62 wurde Standesamt und Otto-Lilienthal-Gedenkstätte zugleich. *Mai bis Aug. tgl. 10–17 Uhr, So bis 18 Uhr, Sept. bis April 9–16 Uhr* Von der höchsten Erhebung

des Havellandes, dem Gollenberg, schwebte Otto Lilienthal mit seinem selbstentwickelten Flugapparat bis zu 250 m weit. 1896 verunglückte er dabei tödlich. An der Absturzstelle steht ein Denkmal, vom Parkplatz an der Straße Friesack–Rhinow führt ein treppenreicher Weg dorthin. (C 5)

JÜTERBOG

Drei Stadttore, fünf Wehrtürme, drei Kirchen und ein zweigeschossiges Rathaus: Jüterbog (12 000 Ew.), der Hauptort des Niederen Fläming, besitzt beachtliche mittelalterliche Bauten. Sogar ein schiefer Turm ist vorhanden, der aber mit seinen 20 cm, die er aus dem Lot fällt, weit hinter dem von Pisa zurückbleibt (ein Mauerturm nahe dem Dammtor). Umschlossen werden große Teile des Altstadtgebietes noch von der Stadtmauer aus dem 14./15. Jh. (D–E 9–10)

BESICHTIGUNGEN

Stadtführungen April bis Juni Sa, So, Juli bis Okt. nur So (Dauer 3 Std.), Beginn 13 Uhr, Liebfrauenkirche

Nikolaikirche
»Wenn das Geld im Kasten klingt, die Seele in den Himmel springt«, soll 1517 Dominikanermönch Johannes Tetzel vor der Kirche gerufen haben. Tetzels Ablaßbriefe veranlaßten Martin Luther in Wittenberg zum Anschlagen seiner 95 Thesen. In der Kirche erinnert eine eisenbeschlagene Truhe Tetzels an den Ablaßprediger. Besichtigung und Turmbesteigung *Mo bis Fr 8–15.30 Uhr, Sa, So 13–16.30 Uhr*

Rathaus
Am Marktplatz stehender beeindruckender Backsteinbau vom Anfang des 16. Jh., dessen Nordseite das Standbild des hl. Mauritius (1506) schmückt. Wer im Sitzungssaal die schöne Holzbalkendecke von 1493 bewundern möchte, muß an den offiziellen Stadtführungen teilnehmen.

Stadttore
Das Dammtor im Westen und das Neumarkter Tor im Osten sind nur teilweise erhalten, dagegen fast vollständig das Zinnaer Tor im Norden. Die Backsteinbauwerke stammen aus der Zeit zwischen 1480–90.

MUSEUM

Städtisches Museum »Abtshof«
2000 Zinnfiguren lassen die Schlacht bei Dennewitz am 6. September 1813 lebendig werden. Groß ist die Sammlung an Flämingtrachten. *Di bis Do 14–17 Uhr, Sa, So 13–16 Uhr, Planenberg 9*

RESTAURANTS

Goldener Anker
Gutes und preiswertes Essen. *Pferdestraße 12, Kategorie 3*

Schloßschenke
Gemütliche Bierstube im Picco Hotel, Speisekarte wie im benachbarten Hotel-Restaurant. *Ab 18 Uhr, So geschl., Schloßstraße 87, Kategorie 1*

EINKAUFEN

Am Markt 32 wird nordböhmischer Schmuck angeboten – Übersiedler aus dem berühmten Juwelier-Städtchen Gablonz brachten 1946 ihr Können mit in den Fläming und gründeten den Betrieb Gablona-Schmuck.

ÜBERNACHTUNG

Picco Hotel

Geräumige Zimmer, sehr breite Betten; Sauna, Solarium; behindertengerecht. 75 Zi., *Schloßstraße 87, Tel. 0 33 72/27 52, 25 52, Fax 26 75, Kategorie 1*

Zum Goldenen Stern

Kein Zimmer gleicht dem anderen, jedes ist individuell eingerichtet. Im rustikalen Restaurant viel Hausgemachtes, am Nachmittag gibt es von Nov. bis Februar den regional-typischen Klemmkuchen. 24 Zi., *Markt 14, Tel. 0 33 72/40 14 76, Fax 40 15 97, Kategorie 2, 3*

AM ABEND

Kabarett, Konzerte, Pantomime und vieles mehr in der Theater- und Konzertstätte (ehemalige Mönchskirche). *Mönchenkirchplatz 4.* 🚹 Zu Disko, Konzerten mit Rockgruppen, Modenschauen und Shows lädt Fränkis Tanzbar & Biergarten, *Geschwister-Scholl-Straße 10.* Tanz auch in der Gaststätte Central, *Markt 12*

AUSKUNFT

Stadtinformation

Markt (im Rathaus), 14913 Jüterbog, Tel. 0 33 72/40 17 73, Fax 40 17 08

ZIELE IN DER UMGEBUNG

Blankensee

Hermann Sudermann (1857 bis 1928), vor dem Ersten Weltkrieg erfolgreicher Dramatiker, wohnte von 1902–28 in dem barocken Gutshaus des Dorfes, das sich heute in desolatem Zustand befindet. Aus dieser Zeit stammen die von Sudermann gesammelten Kunstwerke im Gutspark. Das älteste Wohn-Stall-Gebäude des Dorfes (1649) kann als Bauernmuseum besichtigt werden. *Mi bis Fr 10–12, 13–17 Uhr, Sa, So 14–17 Uhr, Dorfstraße 4.* Die reich ausgestattete Dorfkirche (17. Jh.) hat *Sa, So 14–16 Uhr* geöffnet. (E 8)

Kloster Zinna

Als Friedrich der Große einen großzügigen Tag hatte, nahm er 7000 Taler aus der Schatulle und ließ damit um das Kloster Zinna 150 Häuser errichten. Die Anlage blieb bis heute fast originalgetreu erhalten. Aus Dankbarkeit bekam er mitten auf dem Marktplatz ein Denkmal (1864) gesetzt – im DDR-Gründungsjahr 1949 wurde es zerstört, 1994 aus Spenden wiedererrichtet. Das von Zisterzienser-Mönchen 1170 gegründete Kloster erhielt sein heutiges Aussehen Mitte des 15. Jh. In der gotischen Abtei sind Fresken (1480) zu sehen, die zum Schönsten gehören, das die Gotik auf diesem Gebiet hinterlassen hat. *Di bis So 10–12, 13–17 Uhr.* Direkt neben dem Kloster: das Hotel-Restaurant Klostereck. 9 Zi., *Klosterstraße 10, Tel. 0 33 72/29 64, Kategorie 2, 3.* Das beste Haus im Ort zum Übernachten: Alte Försterei, 20 Zi., *Markt 7, Tel. 0 33 72/46 50, Kategorie 2* (E 9)

Luckenwalde

Wirklich selten: Der 36 m hohe Marktturm dient der wenige Schritte entfernten Johanniskirche als Glockenturm. Unter

Denkmalsschutz gestellt wurde der Marktplatz von Luckenwalde (28 000 Ew.) mit dem Rathaus und Häusern aus dem 18. und 19. Jh. Das Heimatmuseum hat geöffnet *Di bis Do 10–12, 13–17 Uhr, Sa 13–17 Uhr, So 10–12, 14–17 Uhr, Markt 11*. Die Breite Straße wurde ein hübsch gestalteter Fußgängerboulevard mit etwa 40 Geschäften. Zum Ausruhen empfiehlt sich: *Galerie-Café, Sa geschl., Breite Straße 10* (E 9)

Lutherstadt Wittenberg

Der Stadtname sagt es: Die Bindungen an Martin Luther (1483–1546) sind eng: An die Tür der Schloßkirche hat der Reformator 1517 seine 95 Thesen nageln lassen, in der Collegienstraße besaß er ein Haus, in der Schloßkirche erhielt er zusammen mit seinem Mitstreiter Philipp Melanchthon (1497–1560) die letzte Ruhestätte. Die Stadt (54 000 Ew.) im Bundesland Sachsen-Anhalt, von Jüterbog knapp 50 km entfernt, ehrte beide mit Bronzedenkmalen auf dem Marktplatz. An dessen Ecke zur Schloßstraße steht das Haus, in dem Lucas Cranach d. Ä. (1472–1553) mit zehn Gesellen seine Gemälde schuf. (C 10)

Niedergörsdorf

Der gußeiserne Obelisk nahe der Straße nach Dennewitz wurde im September 1817 enthüllt. Karl Friedrich Schinkel schuf ihn zum Gedenken an die Schlacht im Napoleonischen Befreiungskrieg im September 1813. Insgesamt acht Denkmale – vor jedem steht eine Übersichtstafel – erinnern bei Niedergörsdorf und Dennewitz an jene opferreiche Schlacht in dieser Gegend. (D 10)

Pechüle

Die Feldsteinkirche birgt einen besonderen Schatz: Die langgestreckte Böhmische Bildertafel (um 1380), deren Abbildungen auf einer mit Gold belegten Leinwand gemalt wurden. Im gegenüberliegenden Pfarramt schließt man die Kirche gern für Besucher auf. (D 9)

Treuenbrietzen

Hübsche Kleinstadt (6300 Ew.) am Nordhang des Fläming, auch Sabinchenstädtchen genannt. Mitte des 18. Jhs. machte das Lied »Sabinchen war ein Frauenzimmer ...« Treuenbrietzen weithin bekannt. Lebensgroß steht das legendäre Sabinchen, das ihrem Schuster zuliebe der Herrschaft silberne Löffel stahl, vor dem Rathaus. Im spätgotischen Rundbau der Heilig-Geist-Kapelle aus dem 15. Jh. befindet sich das Heimatmuseum mit einer Ausstellung zur Stadtgeschichte. *Mi bis Fr 13–17 Uhr, Sa, So 10–12, 13–17 Uhr, Großstraße 1.* Nebenan Reuters Restaurant mit großer Auswahl an Steakgerichten. *Großstraße 2, Kategorie 3*

Wer es urig-gemütlich mag, muß etwa 1,5 km die B 2 in Richtung Wittenberg laufen oder fahren: Das Restaurant Kabuff ist mit antiquarischem Mobiliar und anderem herrlichen Kram aus Großmutters Zeiten ausgestattet. *Leipziger Straße 152, Kategorie 3* (D 9)

Wiepersdorf

Heimatort Bettina von Arnims, geb. Brentano (1785–1859), jener klugen Frau, deren Porträt den deutschen Fünfmarkschein ziert. In dem Schloß, von einem Park nach englischem Vorbild umgeben, wohnten sie und ihr Mann, der Dichter Ludwig Achim von Arnim (1781–1831). Das Bild auf dem Geldschein stammt von Enkel Achim (1848–1891), es hängt noch im Schloß. Zu DDR-Zeiten war das Barockgebäude Arbeits- und Erholungsstätte für Schriftsteller, heute dient es als »Künstlerhaus Schloß Wiepersdorf«. Drei Räume informieren über das Wirken der von Arnims. *Sa, So 14–16 Uhr.* Das Café in der Orangerie hat geöffnet *Sa, So 14 bis 17 Uhr* (E 10)

POTSDAM

Die ehemalige Sommerresidenz der preußischen Könige und deutschen Kaiser liegt wunderschön am Havelufer. Potsdam (140 000 Ew.) bezaubert nicht nur mit seinem weltberühmten Schloß Sanssouci; die Stadt besitzt außerdem das größte Park- und Schloßensemble nördlich der Alpen (von der Unesco zum Weltkulturgut erklärt). Sie gilt aber auch als Symbol für den preußisch-deutschen Militarismus: Am Abend des 1. August 1914 unterzeichnete Kaiser Wilhelm II. im Neuen Palais die Verkündigung des Kriegszustandes. Mit einer Rede Adolf Hitlers zum »Tag von Potsdam« am 21. März 1933 in der nicht mehr vorhandenen Hof- und Garnisonkirche begann die Tragödie der Neuzeit. 12 Jahre später, im Juli und August 1945, trafen sich die Siegermächte des Zweiten Weltkrieges im Schloß Cecilienhof, um Europas Nachkriegsordnung zu beschließen. (D–E 7–8)

In Potsdam gibt es soviel zu besichtigen, daß es *einen eigenen Marco Polo Band über die Stadt vom selben Autor gibt.*

BESICHTIGUNGEN

Babelsberger Studiotour

★ Stars wie Greta Garbo, Marlene Dietrich, Hans Albers, Zarah Leander, Heinz Rühmann und Hildegard Knef haben den Ruhm der Babelsberger Studios mitbegründet. Die Filmstadt bietet Blicke hinter die Kulissen, keinesfalls sollte die Stuntshow versäumt werden. *Tgl. 9–17 Uhr (letzter Einlaß 15.30 Uhr), Großbeeren Straße (Höhe Grünstraße)*

Holländisches Viertel

»Klein Amsterdam« wird das Architekturensemble im Potsdamer Zentrum genannt. Die 59 backsteinernen Giebel- und 75 Traufenhäuser entstanden im 18. Jh. für holländische Kolonialisten.

Neuer Garten

Lenné gestaltete den Park mit dem Marmorpalais (1787–92) am Ufer des Heiligen Sees; der königliche Bau wird zur Zeit restauriert. Weltbekannt wurde das für Kronprinz Wilhelm und seine Gemahlin Cecilie erbaute Schloß Cecilienhof (1913–17): Im letzten und damals modernsten Hohenzollernschloß unterzeichneten Truman, Attlee und Stalin am 2. August 1945 das »Potsdamer Abkommen«. Der Konferenzsaal und die Arbeitszimmer der Delegationen sind original erhalten geblieben. *Tgl. 9–16 Uhr, jeden 2. und 4. Mo im Monat geschl., Neuer Garten*

Park Babelsberg

Die zweitgrößte Parkanlage Potsdams, ein Werk von Peter Joseph

Weltberühmt: der Weinberg mit dem Sommerschloß Sanssouci in Potsdam

Lenné und Hermann Fürst von Pückler-Muskau. Schloß Babelsberg (1834–49) war der Lieblingsaufenthaltsort von Kaiser Wilhelm I. und seiner Gemahlin Augusta. *Di bis So 9–17 Uhr.* Auf einer östlich gelegenen Anhöhe bekam 1872 die Gerichtslaube ihren Platz, die in Berlin dem Roten Rathaus weichen mußte. Der Flatowturm (1853–56) wurde dem spätgotischen Eschenheimer Tor in Frankfurt/Main nachgebildet. *Di–So 10–17 Uhr*

Park Sanssouci

★ Natur, mehrere Schlösser und unzählige Kleinarchitekturen vereint der Park zu einem einzigartigen Kunstwerk. Hauptattraktion ist das Schloß Sanssouci (1745–47), der von Friedrich dem Großen geschaffene Prunkbau, eine Perle des Rokoko. *Führungen April bis Sept. tgl. 9–12.30, 13–17 Uhr, Okt., Feb., März bis 16 Uhr, Nov. bis Jan. bis 15 Uhr, jeden 1. und 3. Mo im Monat geschl.* Am Rand der südlichen Schloßterrasse ließ Friedrich der Große für sich eine Gruft ausheben, aber erst am 17. August 1991 bekam er darin seine letzte Ruhestätte. Größtes Bauwerk im Park von Sanssouci ist das Neue Palais (1763–69) mit über 200 Räumen. *April bis Sept. tgl. 9–12.45, 13.15–17 Uhr, Feb., März, Okt. bis 16 Uhr, Nov. bis Jan. bis 15 Uhr, jeden 2. und 4. Mo im Monat geschl.* Höhepunkt in den Neuen Kammern (1747–48) bildet der Jaspisaal. *Führungen April bis Sept. Sa bis Do 9–12, 12.30–17 Uhr, Feb., März, Okt. bis 16 Uhr, Nov. bis Jan. bis 15 Uhr.* Im Renaissance-Stil entstand das Orangerieschloß (1773–75). *Mitte Mai bis Mitte Okt. tgl. 9–12, 13–17 Uhr, jeden 4. Do im Monat geschl.* An einen römischen Villenbau der Antike erinnert Schloß Charlottenhof (1826–1829). *Führungen Mitte Mai bis Mitte Okt. 9–12.30, 13–17 Uhr, jeden 4. Mo. im Monat geschl.* In der Friedenskirche (1844–54) befindet sich die Gruft für Friedrich

Wilhelm IV. und seine Gemahlin, an der Nordseite des Atriums wurde das Mausoleum für den 99-Tage-Kaiser Friedrich III. und seine Gemahlin geschaffen, seit August 1991 fand hier auch Friedrich Wilhelm I. seine letzte Ruhestätte.

Russische Kolonie Alexandrowka

★ 13 hübsche Holzhäuschen aus dem Jahr 1827. Die noch bewohnte Russische Kolonie am Nordrand der Stadt wurde für russische Sänger errichtet, die König Friedrich Wilhelm III. vom Zaren als Geschenk erhielt.

MUSEEN

Dampfmaschinenhaus

Für Technik-Freaks interessant: Das einstige Pumpwerk für die Fontänen des Sanssouci-Parks wurde im 19. Jh. im Stil einer maurischen Moschee errichtet. Heute dient es als technisches Museum. *Führungen Mitte Mai bis Mitte Okt. Mi bis So 9–12, 12.30–17 Uhr, Mitte Okt. bis Mitte Mai Sa, So 9–16 Uhr, Zeppelinstraße 176*

Filmmuseum

Ausstellung zur deutschen Filmgeschichte, vor allem zu den

Dampfmaschinenhaus im Stil einer maurischen Moschee

berühmten Ufa und Defa-Ateliers in Babelsberg. *Di bis So 10–17 Uhr, Marstall*

RESTAURANTS/CAFÉ

Drachenhaus
Intime Atmosphäre in einem pagodenähnlichen Bau, in den Sommermonaten ist das Café stets gut besucht. *Maulbeerallee*

Froschkasten
Potsdams gemütlichste Biergaststätte. *So geschl., Kiezstraße 4, Kategorie 3*

Kleines Schloß
Gutbürgerliche Küche in dem Haus, in dem der spätere 99-Tage-Kaiser Friedrich III. seine Flitterwochen verlebte. *Im Park Babelsberg, Kategorie 3*

Pegasus
Gute Adresse zum Essengehen. *So nur bis 16 Uhr, Schloßstraße 3, Kategorie 2*

Schloßrestaurant Cecilienhof
Gediegenes Ambiente, gute Qualität der Speisen und Getränke, hohe Preise. *Im Neuen Garten, Kategorie 1*

EINKAUFEN

Die Fußgängern vorbehaltene 700 m lange Brandenburger Straße hat viele Geschäfte und das einzige Warenhaus der Stadt.

ÜBERNACHTUNG

Am Jägertor
Äußerst zentral gelegen und deshalb sehr gefragt. 25 Zi., *Hegelallee 11, Tel. 03 31/2 18 34, Fax 2 10 38, Kategorie 2*

Mercure
Kleine aber passabel eingerichtete Zimmer. Phantastischer Blick von den oberen Etagen. 210 Zi., *Lange Brücke, Tel. 03 31/46 31, Fax 2 34 96, Kategorie 1*

Schloß Cecilienhof
Ein Teil des Kronprinzenschlosses im Neuen Garten beherbergt ein stilvolles Hotel. 39 Zi., *Im Neuen Garten, Tel. 03 31/3 70 50, Fax 2 24 98, Kategorie 1*

CAMPING

Camping Sanssouci-Gaisberg
Laubwaldgelände am Ufer des Templiner Sees. *Geöffnet April bis Okt., Mittagsruhe 13–15 Uhr, Tel. 0 33 27/5 56 80, Fax 5 56 80*

AM ABEND

Beliebt sind Veranstaltungen im historischen Schloßtheater im Neuen Palais. ✱ Disko im Blauhaus, *Heinrich-Mann-Allee 103* und im Lindenpark, *Stahnsdorfer Straße 76–78*

AUSKUNFT

Potsdam-Information
Alter Markt (Friedrich-Ebert-Straße 5), 14476 Potsdam, Tel. 03 31/ 2 11 00, Fax 2 30 12

ZIELE IN DER UMGEBUNG

Caputh
Liebliches, langgestrecktes Ferienidyll am Templiner- und Schwielowsee. Durch das Dorf spazierten schon Heinrich Mann und Charlie Chaplin, die hier Albert Einstein besuchten: bis 1932 wohnte der Begründer der Relativitätstheorie und Nobel-

preisträger für Physik (1921) in dem Holzhaus *Am Waldrand 3 a.* Gespeist hat der berühmte Wissenschaftler im *Müllerhof,* der auch Graf Zeppelin und viele Ufa-Stars zu seinen Gästen zählte. *Caputher Weberstraße 49, Kategorie 3.* Das Caputher Schloß und der Park sind gegenwärtig nicht zugänglich. Übers Gemünde, wie die schmalste Stelle zwischen dem Templiner- und dem Schwielowsee heißt, setzt tgl. von 6 bis 22 Uhr eine Seilfähre über. Von der kahlen Kuppe des Krähenberges reicht der Blick weit übers Land. (D 8)

Geltow
Zwei Hohenzollern haben hier ihre »Spuren« hinterlassen: Die Dorfkirche weihte 1888 der 99-Tage-Kaiser Friedrich III. ein; damit der kaiserliche Besuch nicht in Vergessenheit gerät, wurde rechts neben dem Altar eine marmorne Gedenktafel angebracht. Der rechteckige Backsteinbau mit schlankem Turm auf dem Franzensberg erinnert an Prinz Carl von Preußen, dem Sohn von Friedrich Wilhelm III. und Königin Luise. Der Prinz ließ das Gebäude um 1870 für seine Waffensammlung errichten, von der aber nichts erhalten ist. Im Restaurant Baumgartenbrück kehrte 1850 schon Theodor Fontane ein. *Mo geschl., Baumgartenbrück 4–5, Kategorie 3* (D 8)

Glindow
Halb Berlin, so meinen jedenfalls die Glindower, sei aus Ziegeln ihres Dorfes erbaut; Ende des 19. Jhs. rauchten in dem Ort mehr als 50 Schornsteine von Ziegeleien. Ein dreigeschossiger Aufseherturm, von dem aus der Ziegeleibesitzer seine Arbeiter beobachten ließ, wurde zum Märkischen Ziegeleimuseum. *April bis Sept. Mi bis So 10–16 Uhr, Alpenstraße 47* (D 8)

Tragische Schloßgeschichte

Das Caputher Schloß, einst Hochzeitsgeschenk des Großen Kurfürsten für seine zweite Gemahlin Dorothea von Holstein-Glücksburg, galt als Juwel der Mark. Von Jahrzehnt zu Jahrzehnt wurde es prunkvoller gestaltet, bis die Königinnen Charlottenburg als Sommerresidenz bevorzugten. Der Caputher Barockbau diente fortan als Ziegelei, Garn- und später als Lederfabrik, im 19. Jh. wurde es schließlich aus der Liste der königlichen Schlösser gestrichen. Nach dem Zweiten Weltkrieg nistete sich die Rote Armee im Schloß ein, ihr folgten die Provinzialregierung des Landes Bandenburg, eine Landwirtschafts- und eine Fachschule für Fotografen. 1980 endlich begannen Restaurierungsarbeiten, ein Betrieb wollte das Schloß zu seinem Schulungs- und Ferienheim gestalten. Mit der Wende war dieser Plan Makulatur, auch der folgende der Potsdamer Schlösserstiftung, ein Barockmuseum einzurichten, hatte nicht lange Bestand. Schloß und Park sind heute verriegelt: Bis die Restitutionsansprüche geklärt sind, können noch Jahre vergehen.

Großbeeren

137 Stufen führen auf den Gedenkturm in der Dorfmitte, der zur Erinnerung an die »kleine Völkerschlacht« am 23. August 1813 entstand: General von Bülow konnte damals die Einnahme von Berlin durch Napoleons Truppen verhindern. Das verhalf Großbeeren zu Ruhm. Als Erinnerung an die damaligen Ereignisse wurden die Bülowpyramide (100 m westlich des Dorfes) und ein gußeisernes Denkmal von Karl Friedrich Schinkel (auf dem Friedhof) errichtet. In dem 32 m hohen Turm befindet sich eine ständige historische Ausstellung. *Sa, So 10–12, 13 bis 18 Uhr (So nur bis 16.30 Uhr)* (E 8)

Paretz

In dem Dorf sollen König Friedrich Wilhelm III. und seine Luise glückliche Zeiten miteinander verbracht haben. Ihr Schloß jedoch würden die beiden heute nicht wiedererkennen, da es zahlreiche Umbauten in den vergangenen 200 Jahren bis zur Unkenntlichkeit verändert haben. Im Originalzustand ist noch die ockerfarbene Dorfkirche mit einer Gedenktafel für die Königin in der angebauten Königsloge. Sollte die Kirchentür verschlossen sein: Links um die Kirche gehen, denn vom Fenster aus ist das von Gottfried Schadow geschaffene Tonrelief zu sehen. (D 7)

Petzow

Der terrassenförmig zum Schwielowsee angelegte Park stammt von Lenné, das Schloß sowie die Parkmauer sollen nach Plänen von Schinkel entstanden sein. Das Restaurant im Schloß bietet gutbürgerliche Küche. *Zelterstraße 5, Kategorie 2.* Für die Kirche auf dem Grelleberg lieferte Karl Friedrich Schinkel den Entwurf. Die Uhr irritierte schon manchen: Sie ist Attrappe, wurde nur als Schmuck angebracht. Vom Turm reicht der Blick weit auf die Havellandschaft. *Mo bis Fr 15–18 Uhr, Sa, So 11–18 Uhr* (D 8)

Stahnsdorf

★ Das Dorf besitzt mit dem Südwestfriedhof einen der größten und schönsten Begräbnisplätze Europas, der durch seine Harmonie von Garten- und Friedhofskunst, Architektur und Plastik beeindruckt. Der Maler Lovis Corinth (1858–1925), der Zeichner des Berliner »Milljöhs« Heinrich Zille (1858–1929), der Industrielle Werner von Siemens (1816–1892) und viele andere Prominente wurden in Stahnsdorf begraben. Fast 70 000 Bestattungen fanden auf dem Friedhof mit einer nach dem Vorbild mittelalterlicher norwegischer Kirchen erbauten Holzkapelle statt. *Geöffnet April bis Sept. 7–20 Uhr, Okt. bis März 8–17 Uhr.* Auskunft über die Lage der Gräber erteilt die Friedhofsverwaltung. (E 8)

Werder

Das Zentrum des havelländischen Obstbaus. Über dessen Geschichte informiert das Obstbaumuseum am *Karl-Marx-Platz 9, April bis Mitte Okt. Mi 9–11, 13–17 Uhr, So 13–17 Uhr.* Auf einer Halbinsel stehen die beiden Wahrzeichen der Stadt (10 700 Ew.): Die neugotische Heilig-Geist-Kirche (1857) mit ihrem markanten Turm und daneben die Windmühle. (D 8)

EIN KURZBESUCH

Wer in der Mark weilt, schaut meist wenigstens für einen Tag in Berlin rein. Oft wird Deutschlands Hauptstadt auch als Ausgangspunkt für Reisen in und durch die Mark gewählt, denn alle Wege von Berlin führen dorthin. S- und U-Bahnen fahren tagsüber im 5- bis 10-Min.-Takt, dazu kommen rund 100 Buslinien. *Ausführlich informiert der Marco Polo Band »Berlin«*

AUSSICHT AUF DIE STADT

Telespargel nennen die Berliner den 365 m hohen Fernsehturm am S-Bahnhof Alexanderplatz. Das Café in der silbernen Kuppel dreht sich einmal in der Stunde um sich selbst, es gibt auch eine Aussichtsplattform. *Tgl. 9–24 Uhr, jeden 2. und 4. Di im Monat bis 13 Uhr geschl.* Einen phantastischen Blick bietet auch der Funkturm, der zur 3. Deutschen Funkausstellung 1936 eröffnet wurde. *Tgl. 10–20 Uhr, Messedamm*

BESICHTIGUNGEN

Brandenburger Tor
Das Wahrzeichen der Hauptstadt, von 1788–91 von Carl Gotthard Langhans im klassizistischen Stil erbaut, mit der Quadriga von Johann Gottfried Schadow.

Gendarmenmarkt
Links der Deutsche Dom, rechts der Französische Dom (beide Anf. 18. Jh.) und in der Mitte das imposante Schauspielhaus (1818 bis 21) von Karl Friedrich Schinkel, das sich neuerdings Konzerthaus nennt.

Reichstagsgebäude
In dem traditionsreichen Gebäude (1884–94) konstituierte sich im Dezember 1990 das erste frei gewählte deutsche Parlament nach dem Zweiten Weltkrieg. *Di bis So 10–17 Uhr, Platz der Republik*

Unter den Linden
Berlins vielbesungener Boulevard mit prachtvollen, geschichtsträchtigen Häusern, darunter die Staatsbibliothek (1903–14), Schinkels Neue Wache (1817–18) und das ehemalige Zeughaus (1695–1706) mit Schlüters berühmten Masken sterbender Krieger im Innenhof.

Zoologischer Garten
Deutschlands ältester Zoo (1841) beherbergt fast 15 000 Tiere in über 1400 Arten. Höhepunkt ist das Aquarium. *Tgl. 9–18 Uhr, Budapester Straße*

MUSEEN

Ägyptisches Museum
Hier steht die Büste von Königin Nofretete, vor über 3000 Jahren meisterhaft geformt. *Mo bis Do 9–17 Uhr, Sa, So 10–17 Uhr, Schloßstraße 70*

Haus am Checkpoint Charlie
Bekannt geworden unter dem Namen Mauermuseum. Trauriges rund um die Berliner Mauer wird dokumentiert (1961 bis 1989). *Tgl. 9–22 Uhr, Friedrichstraße 44*

Märkisches Museum
Kultur- und Kunstgeschichte Berlins und der Mark Brandenburg. *Mi bis Fr 10–18 Uhr, Sa, So 10–17 Uhr, Am Köllnischen Park 5*

Museum für Naturkunde
Hier gibt es das größte Saurierskelett der Welt zu sehen: 12 m hoch, 22 m lang und 140 Mio. Jahre alt. *Di bis So 9.30–17 Uhr, Invalidenstraße 43*

Pergamon-Museum
Benannt nach dem weltberühmten Altar von Pergamon (180 bis 156 v. Chr.), dem Prunkstück der Antikensammlung. *Di bis So 9–17 Uhr, Am Kupfergraben (Museumsinsel)*

RESTAURANTS

Pantry
Kleines, hübsches Speiselokal in zentraler Lage. Die Schiefertafel mit den Tagesangeboten beachten! *So erst ab 16 Uhr, Uhlandstraße 179/180, Kategorie 2*

Turmstuben
81 Stufen im Französischen Dom führen in das kleine Restaurant. *Gendarmenmarkt, Kategorie 1*

Zur Letzten Instanz
Napoleon, Charlie Chaplin, Heinrich Zille und Michail Gorbatschow gehörten schon zu den Gästen. Der Renner unter den Speisen: Berliner Eisbein. *So geschl., Waisenstraße 14–16, Kategorie 2*

ÜBERNACHTUNG

Savoy Hotel
Ideal gelegen zwischen Zoo und Kudamm. 132 Zi. *Fasanenstraße 9–10, Tel. 0 30/31 10 30, Kategorie 1*

Kronprinz
In einem renovierten Gründerzeit-Wohnhaus. 60 Zi. *Kronprinzendamm 1, Tel. 0 30/89 60 30, Kategorie 2*

Dittberner
Kudamm-Pension; überdurchschnittlicher Komfort, dennoch zivile Preise. 17 Zi. *Wielandstraße 26, Tel. 0 30/8 81 64 85, Kategorie 3*

THEATER/KONZERT

Berliner Ensemble
Bertolt Brecht inszenierte, seine Frau Helene Weigel spielte und leitete. Die Tradition wird bewahrt. *Bertolt-Brecht-Platz, Tel. 0 30/2 82 31 60*

Deutsche Staatsoper
Klassisches Repertoire in der prunkvollen einstigen Königlichen Hofoper. *Unter den Linden 7, Tel. 0 30/2 00 47 62*

Friedrichstadtpalast
Ein Revuetheater, das in Europa seinesgleichen sucht – meinte der Showstar Caterina Valente zu recht. *Friedrichstraße 107, Tel. 0 30/ 28 46 60*

Philharmonie
Der 1956–63 errichtete Bau von Hans Scharoun zählt zu den schönsten Konzertsälen der Welt. *Matthäuskirche 1, Tel. 0 30/ 25 48 80*

AUSKUNFT

Berliner Tourismus Marketing GmbH
Martin-Luther-Straße 105, 10825 Berlin, Tel. 0 30/2 12 34, Fax 21 23 25 20

Touristen-Informationsbüros
Bahnhof Zoo, Tel. 0 30/3 13 90 63, Europa-Center, Tel. 0 30/2 62 60 31, Flughafen Tegel, Tel. 0 30/41 01 31 45, Hauptbahnhof, Tel. 0 30/2 79 52 09

Von Auskunft bis Wetter

Die wichtigsten Adressen und Informationen für Ihre Reise in die Mark Brandenburg

AUSKUNFT

Die Tourist-Informationen der Städte und auch viele Gemeindeämter verschicken kostenlos ihr Informationsmaterial. Bitte beachten: Rückporto sollte immer beigelegt werden! Allgemeine Informationen über das Bundesland Brandenburg und weitere Prospekte sind zu erhalten beim:

Landesfremdenverkehrsverband Brandenburg e. V.
Postfach 60 10 12, 14410 Potsdam, Tel. 03 31/2 56 32, 2 22 44, Fax 2 66 83

Informationen erteilen auch die vier Regionalverbände:

Nördliches Brandenburg
Fremdenverkehrsverband Brandenburg-Nord e. V. *Meyenburger Chaussee 6, 16909 Wittstock, Tel. 0 33 94/52 70, Fax 52 59*

Östliches Brandenburg
Regionaler Fremdenverkehrsverband Ostbrandenburg e. V. *Heinrich-Hildebrand-Straße 20 a, 15232 Frankfurt/Oder, Tel. 03 35/5 56 32 24, Fax 5 56 32 25*

Südliches Brandenburg
Regionaler Fremdenverkehrsverband Brandenburg-Süd e. V. *Bahnhofstraße 69, 03046 Cottbus, Tel. 03 55/70 07 27, Fax 70 07 37*

Westliches Brandenburg
Regionaler Fremdenverkehrsverband Potsdam-Brandenburgische Mittelmark e. V. *Dortustraße 18, 14467 Potsdam, Tel. 03 31/2 31 90, Fax 2 36 64*

Auskunft über die großflächigen geschützten Naturregionen
Landesanstalt für Großschutzgebiete, *Am Stadtsee 1, 16225 Eberswalde, Tel./Fax 0 33 34/21 20 36*

Informationen über das Leben der Sorben
Wendisches Haus Cottbus, *August-Bebel-Straße 82, 03046 Cottbus, Tel. 03 55/79 11 10, Fax 2 35 31*

BADEN

Während der Badesaison werden alle 14 Tage Wasserproben an den offiziellen Badestellen entnommen und nach den Normen der EG-Richtlinien überprüft. Sind die Grenzwerte überschritten, sperrt das zuständige Gesundheitsamt die Badestelle – im Interesse der Gesundheit sollten solche Verbotsschilder respektiert werden, denn viele Seen im Brandenburgischen haben eine schlechte Wasserqualität. Nicht gestattet ist das Baden in Kanälen und anderen Gewässern mit beträchtlichem Schiffsverkehr: Brandenburger Niederhavel vom Kleinen Beetzsee bis zur Einmündung in den Jacobsgraben; Brandenburger Stadtkanal von km 56,5 bis zur Mündung in die Niederhavel; Silokanal; Oder-Havel-Kanal von km 55 (Marienwerder) bis zum km 76 (Schiffshebewerk Niederfinow). 50 m Distanz müssen Badende zu den Schiffsanlegestellen des öffentlichen Verkehrs einhalten, ober- und unterhalb von Brücken, Wehren und Schleusen sind es 100 m. Auskunft über die Qualität der Badegewässer erteilen die Gesundheitsämter.

CAMPING

Der ADAC empfiehlt 25 Campingplätze; neben den unter den Ortsbeschreibungen von Brandenburg, Lübben, Lübbenau, Potsdam und Senftenberg genannten sind noch zu nennen: 19309 Lenzen (am Rudower See), 16909 Berlinchen (am Glambecksee), 16837 Kagar, 16798 Fürstenberg (am Röblinsee), 17268 Thomsdorf (am Dreetzsee/Feldberger Seenplatte), 17291 Warnitz (am Oberückersee), 16247 Joachimsthal (am Werbellinsee), 16259 Tiefensee (am Tiefensee), 14797 Lehnin (am Klostersee), 14542 Werder (am Glindower See), 14532 Kleinmachnow-Dreilinden (am Teltow-Kanal), 15746 Klein-Köris (am Tonsee bei Teupitz), 15518 Kolpin (am Großen Kolpiner See), 15864 Wendisch-Rietz (am Scharmützelsee), 15913 Groß Leuthen (am Groß Leuthener See), 15913 Zaue (am Schwielochsee), 15913 Lamsfeld (am Großen Mochowsee), 04895 Falkenberg, 01979 Grünewalde (am Grünewalder Lauch).

HEILBÄDER

In zehn Orten Brandenburgs kann gegenwärtig gekurt werden. Die drei bekanntesten, in denen Erkrankungen des Bewegungsapparates gelindert oder geheilt werden, sind Bad Freienwalde, Bad Liebenwerda und Bad Wilsnack. Kurpatienten erholen sich ebenfalls im Wald bei Wandlitz, teilweise in den Häusern, die bis 1989 Erich Honecker & Co bewohnten. Weitere Informationen: *Brandenburgischer Kurorte- und Bäderverband e. V., Im Birkengrund, 19336 Bad Wilsnack, Tel. 03 87 91/7 30*

JUGENDHERBERGEN

23 Jugendherbergen gibt es in Brandenburg. Voraussetzung für das Übernachten ist der Besitz eines gütligen Ausweises des Deutschen Jugendherbergswerkes (DJH) für Junioren (bis 26 Jahre) oder Senioren (ab 27 Jahre). Auskunft: *Deutsches Jugenherbergswerk, Landesverband Berlin-Brandenburg e. V., Tempelhofer Ufer 32, 10963 Berlin, Tel. 0 30/2 62 30 24, Fax 2 62 95 29*

NOTRUFE

Polizei Tel. 1 10
Feuerwehr, Notarzt Tel. 1 12

ÖFFNUNGSZEITEN

Die Geschäfte in den Städten und Dörfern haben meist eine ein- bis zweistündige Mittagspause, die nicht einheitlich ist. Bei den Restaurants in den Ferienorten sollte beachtet werden: Sind keine Gäste mehr da, wird oft früher als angegeben geschlossen, in den wetterunfreundlichen Spätherbst- und zeitigen Frühjahrswochen sind die Gaststätten manchmal auch tagelang nicht geöffnet. Essen- und Öffnungszeiten sind meist nicht identisch.

Die Museen bleiben meist am Montag geschlossen, einige – so in Potsdam – haben auch Winterpause. Die Kirchen in den Städten sind im Sommer oft stundenweise geöffnet, auf dem Lande ist man im Pfarramt fast immer bereit, die Kirchentür für Besucher aufzuschließen.

PANNENHILFE

Pannennotruf des ADAC
Rund um die Uhr: Tel. 01802/222222

PRIVATUNTERKÜNFTE

Privatquartiere werden in allen Ferienorten angeboten. Die Ausstattung läßt manchmal noch zu wünschen übrig, dafür sind sie aber preiswerter als Hotels und Pensionen.

Ferienwohnungen und -häuser stehen leider noch nicht zu jeder Jahreszeit ausreichend zur Verfügung, auch an genügend Angeboten für »Ferien auf dem Bauernhof« mangelt es noch. Die Vermittlung erfolgt durch die Tourist-Informationen.

RADFAHREN

Für kleine sowie ausgedehnte Radtouren eignet sich das überwiegend flache Land sehr gut; Radwanderwege sind schon viele entstanden, so der 90 km lange Dahme-Spree-Radweg, der von Berlin-Grünau ins Spreewaldstädtchen Lübbenau führt. Fahrräder können in vielen Orten gemietet werden, auch die Deutsche Bahn AG bietet an zahlreichen Bahnhöfen Fahrräder zum Mieten an. Empfehlenswert ist es, sich vor Reiseantritt nach den Öffnungszeiten der Vermietbahnhöfe zu erkundigen. Die ins Umland fahrende Berliner S-Bahn hat Fahrradabteile.

SCHIFFSAUSFLÜGE

Wer möchte, kann von Ende April bis Okt. wochenlang Brandenburgs Gewässer befahren, denn das Angebot an Schiffstouren ist vielseitig. Unter anderem starten von Brandenburg, Neuruppin, Potsdam, Rheinsberg, Templin und Teupitz Schiffe zu Fahrten über mehrere Seen und Kanäle. Auf Rundfahrten können der Werbellinsee, der Scharmützel-, Schwielow-, Spremberger-, Unterucker und Buckower See kennengelernt werden. Auskünfte erteilen die Tourist-Informationen.

SPORTBOOTE

Auch auf den Wasserstraßen sind Vorschriften einzuhalten. Verstöße dagegen führen zu Unfällen, beeinträchtigen die Natur und belästigen die Anwohner. Wer als Freizeitkapitän keinen Ärger mit der Wasserschutzpolizei haben möchte, sollte u. a. beachten: Die 0,8-Promille-Grenze gilt auch auf dem Wasser! Auf Kanälen, schmalen Fahrgewässern und in unübersichtlichen Abschnitten muß rechts gefahren werden, die meist mit rot-weiß-rot gekennzeichneten Badestellen dürfen von Wasserfahrzeugen nicht durchquert werden. *Auskunft: Wasserschutzpolizei Brandenburg, An der Pirschheide 11, 14471 Potsdam, Tel. 03 31/9 71 20, Fax 97 25 85*

SPREEWALD-KAHNFAHRTEN

Die Zufahrten zu den Kahnfährhäfen im Spreewald sind ausgeschildert. Die Saison beginnt im April und endet im Oktober. Angeboten werden Standardtouren zwischen 1,5 Std. und 8 Std. Abgefahren wird, wenn der 6 bis 35 Personen fassende Kahn besetzt ist. Individuelle Touren und Sonderwünsche können mit den Kahnfährleuten vereinbart werden. Bezahlt wird generell beim Fährmann.

Hotels und Pensionen, die am Wasser liegen, haben eigene Kahnanlegestellen. Die größten Kahnfährhäfen im Unterspreewald hat Lübben zu bieten, im Oberspreewald sind es Lübbenau und Burg. Im Unterspreewald geht es jedoch noch verhältnismäßig ruhig zu, denn die Touristenmassen fahren seit jeher in den größeren und bekannteren Oberspreewald.

WETTER IN POTSDAM

Die monatlichen Durchschnittswerte im Überblick

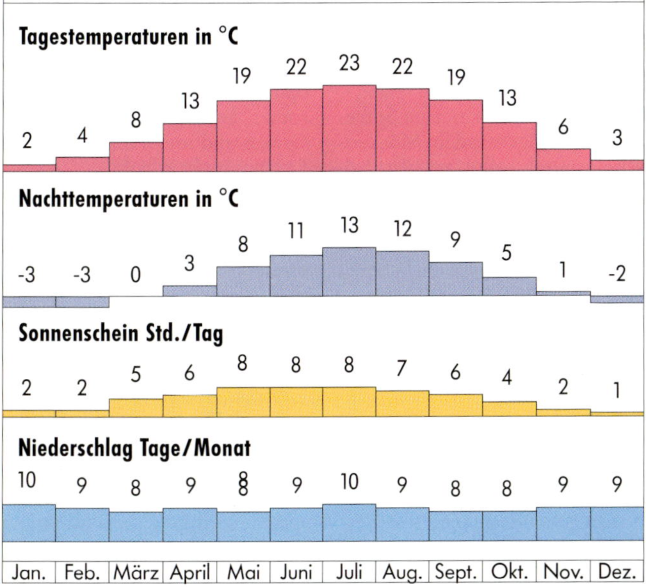

Bloß nicht!

Worauf geachtet werden sollte, damit das Ferienvergnügen nicht zum Ärgernis wird

Einbruchgefahr
Im südlichen Brandenburg sind große Flächen Bergbaugebiet. Wer die Schilder »Vorsicht! Lebensgefahr!« nicht respektiert, kann schnell auf nicht verfestigten Kippen einbrechen oder ins Rutschen kommen.

Hochhackige Schuhe
In den Potsdamer Schlössern Sanssouci, Neues Palais, Neue Kammern und der Bildergalerie muß in Filzpantoffeln geschlüpft werden. Auf Schuhe mit Pfennigabsätzen sollte deshalb verzichtet werden.

Mücken
Die Stechmücke kann im Spreewald zur Plage werden. Mückenschutzmittel sollte vorsichtshalber mitgenommen werden. Auf die alte Spruchweisheit der Einheimischen, »spielen zu Weihnachten die Mücken, wird sie zu Johannes (24. Juni) Kälte zwikken«, sollte nicht viel gegeben werden, allzuoft schon hat sie sich nicht bewahrheitet.

Naturfrevler
In den Biosphärenreservaten und Naturparks ist der Mensch Gast der Natur. Gebadet werden darf nur an gekennzeichneten Stellen. Wildlebende Pflanzen dürfen nicht abgepflückt, abgerissen oder ausgegraben werden, in der Schutzzone 1 der Biosphärenreservate ist das Verlassen der Straßen und Wege verboten.

Obstwein
Bloß nicht zu tief ins Glas schauen, wenn es mit süffigem Obstwein aus Werder gefüllt ist. »Bretterknaller« wird der Sauerkirsch-, Erdbeer-, Schwarze Johannisbeer- oder Apfelwein genannt, der einen Alkoholgehalt von 14 Prozent hat.

Parkanlagen
Radfahren sowie Picknicken auf den Grünflächen ist in den Potsdamer Parkanlagen von Sanssouci, Babelsberg und Neuer Garten und im Branitzer Park in Cottbus nicht erlaubt.

Überfüllung
In den Ferienwochen sollte an den Wochenenden zwischen 11 und 16 Uhr das Spreewalddorf Lehde gemieden werden. In dieser Zeit herrscht oft solch starker Kahnverkehr, daß die Fließe hoffnungslos verstopft sind. An Sommer-Wochenenden gilt das auch für Schloß Sanssouci in Potsdam: Hunderte drängen an den Kassen, so daß oft schon am späten Vormittag die Führungen für den ganzen Tag ausverkauft sind.

Enthalten sind alle in diesem Führer erwähnten Orte, Naturparks sowie die meisten der genannten Seen

Orte

Naturparks

Seen

Was bekomme ich für mein Geld?

Je weiter die Reise von Berlin weg führt, desto weniger Geld braucht man. In Landgasthöfen des Fläming, der Prignitz oder der Uckermark kann man oft für 10 bis 12 Mark (ohne Getränke natürlich) gut und reichlich speisen. Der Tierparkbesuch in Eberswalde kostet 5 Mark (Erwachsene) bzw. 2,50 Mark (für Kinder zwischen vier und 16 Jahren). An warmen Sommertagen bietet sich der Besuch im Erlebnisbad in Belzig an. Die Preise: Tageskarte 4 Mark, Kinder 4 bis 13 Jahre 1,50 Mark. Ein preiswertes Vergnügen sind oft (noch) Museumsbesuche – zwischen 2 und 4 Mark müssen hingelegt werden. Die höchsten Eintrittspreise sind für die Schlösser Sanssouci und Neues Palais in Potsdam zu entrichten: 8 Mark. Ins Schloß Rheinsberg und in die Plattenburg in der Prignitz wird für 5 Mark Einlaß gewährt. Die einstündige Kahnfahrt im Spreewald kostet 6 Mark, Kinder zahlen die Hälfte. Wer sich allerdings 7,5 Std. lang von Burg-Dorf nach Lehde, Lübbenau und zurück staken lassen möchte, von dem verlangt der Fährmann 22,50 Mark. Bezahlt werden muß meist auch der Blick von Türmen: Bevor man den Bergfried der Burg Eisenhardt in Belzig oder den Wiesenburger Schloßturm besteigen darf, sind 1,50 Mark zu entrichten. Nichts kostet dagegen das Besteigen des Denkmalturms in Hakenberg bei Fehrbellin. Der Eintritt für Konzerte in der Senfenberger Kirche kostet maximal 15 Mark.

Vielfach fehlt es an Hotel- und Pensionszimmern in der unteren Preiskategorie. Nach der Wiedervereinigung wurden die meisten Häuser im Osten buchstäblich über Nacht mit enormen Investitionen auf gutes Niveau gebracht, was sich im Preis niederschlägt. Hier hilft nur eins: Ausweichen auf Privatquartiere, die oft annehmbaren Standard bieten. Pro Nacht und Person sind (manchmal sogar schon mit Frühstück) 20 bis 30 Mark zu zahlen. Nachdrucke der historischen Bilderbogen aus der Fontane- und Schinkel-Stadt Neuruppin kosten pro Stück zwischen 3 und 5 Mark, die Mappe mit 16 Motiven 50 Mark, es ist aber auch eine mit vier Motiven für 10 Mark zu haben.

Und noch eins: Die Preise in den neuen Bundesländern verändern sich häufig – und immer nach oben.

Spreewalder Gewürzgurken-Stand in Lübbenau